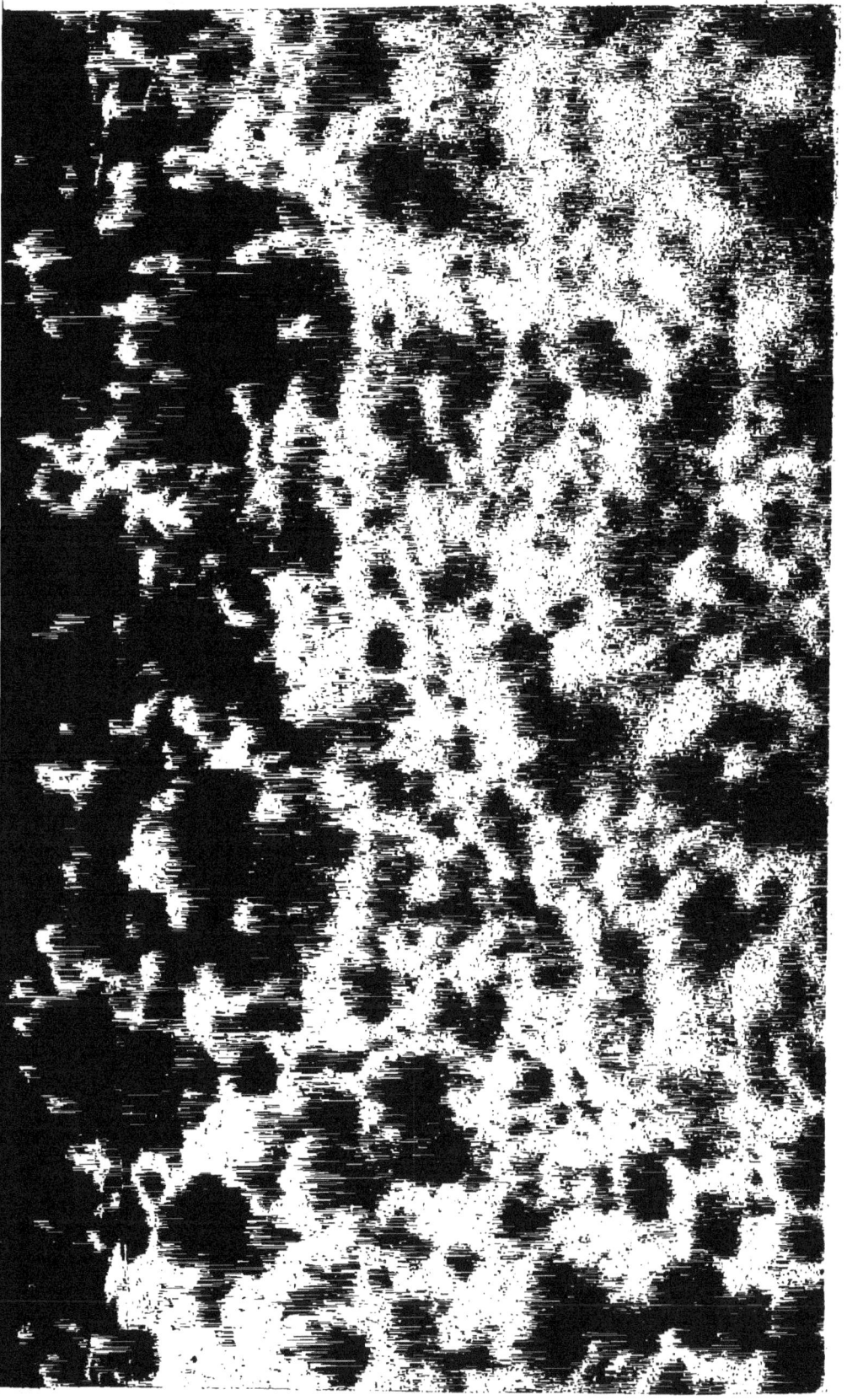

L'AMIRAL POTHUAU

PARIS. — IMP. P. MOUILLOT, 13-15, QUAI VOLTAIRE. — 25748

L'AMIRAL
POTHUAU

PAR

ALFRED BARBOU

PARIS

JOUVET ET Cie, ÉDITEURS

45, RUE SAINT-ANDRÉ-DES-ARTS, 45

1882

Vice-Amiral POTHUAU (LOUIS-PIERRE-ALEXIS)
né à Paris le 30 octobre 1815
SÉNATEUR
GRAND-CROIX DE LA LÉGION D'HONNEUR — MÉDAILLE MILITAIRE
MÉDAILLE D'ITALIE.

Ordres étrangers conférés à l'amiral Pothuau

Grand'croix de l'Aigle blanc (Russie).
Grand'croix de Saint-Grégoire le Grand.
Grand croix de la couronne de Siam.
Grand officier du Medjidié.
Commandeur de Pie IX.
Chevalier Compagnon de l'ordre du Bain.
Officier des ordres de Saint-Maurice et de Saint-Lazare
Médaille de la reine Victoria.
Médaille de la valeur militaire (Italie).

A M. le vice-amiral d'Herbinghem

Monsieur l'Amiral,

Ce livre est consacré à M. l'amiral Pothuau. Je vous le dédie. Vous êtes le meilleur ami de ce bon et glorieux serviteur de la France; vous l'avez vu à l'œuvre pendant plus de quarante ans; vous l'estimez à sa valeur, vous l'aimez comme un frère.

Placée sous votre patronage, cette œuvre sincère sera, je l'espère, appréciée. Elle contient des faits intéressants et utiles à faire connaître. Elle est un hommage rendu à l'amiral Pothuau, à vous et à la marine française

Veuillez agréer, monsieur l'amiral, l'assurance de mon respectueux dévouement.

Alfred Barbou

PRÉFACE

Nous voulons essayer dans ce livre de retracer comme il convient la vie de l'amiral Pothuau. Il nous semble que cette existence glorieuse mérite d'être connue, et doit être examinée par le peuple, par quiconque a le souci du plus célèbre des biographes, de Plutarque, qui déclarait que la vie des hommes illustres offrait un exemple à tous et qu'elle lui inspirait à lui-même le désir d'imiter ses modèles.

La plupart des hommes ont un profond respect, une admiration sincère pour ceux qui ont conquis, grâce à des efforts sans nombre, à la suite d'un labeur acharné, une haute situation. La foule comprend que, pour s'élever au-dessus d'elle, il faut une énergie particulière, une intelligence supérieure, une volonté extraordinaire, une persévérance exceptionnelle, une honnêteté rare.

Celui qui sans bassesse, sans le secours de l'intrigue, sans l'aide du hasard, a, par sa seule valeur, gravi ce sommet qu'on appelle le pouvoir, doit devenir l'objet de la réflexion de chacun.

A une époque où la littérature affirme de plus en plus ses tendances utilitaires, où ce qu'on appelle le document humain est devenu un sujet continuel d'étude et de méditation, où l'on se plaît à fouiller jusqu'au fond d'un cœur pour tirer de cette étude une leçon et un enseignement, il nous semble bon, utile, intéressant à tous égards de poser un problème de ce genre :

Voilà un être semblable à nous, qui a accompli de belles actions, qui a mérité l'estime publique et les distinctions les plus hautes. — Comment s'y est pris cet homme pour se distinguer mieux que nous? Comment est-il parvenu? De quelle façon a-t-il pratiqué le devoir? Par quels moyens a-t-il conquis la renommée? Quels ont été ses luttes, ses découragements, ses espérances? De quelle manière a-t-il gravi un à un les échelons? A-t-il été justement récompensé? Comment est-t-il sorti vainqueur de la lutte par lui entreprise pour grandir?

C'est la solution de ce problème qui résume la mission du biographe; c'est la réponse à ces questions qui fait son œuvre;

et alors même qu'il n'est point à la hauteur de sa tâche, il intéresse par les grandes actions qu'il raconte, il instruit par la succession des événements qu'il rappelle, il enseigne par la leçon morale qui se dégage aisément de la contemplation d'un noble caractère.

Il faut arrêter les regards de la foule sur des portraits d'hommes dignes de ce nom, ayant bien servi leur patrie et s'étant illustrés en l'illustrant elle-même. Il ne faut pas cesser de propager l'existence d'un homme d'honneur qui doit sa renommée et sa situation à la pratique du devoir, à la fermeté, au courage, à la vertu, parce que de tels exemples ont sur une nation la plus salutaire influence et parce que, selon nous, on doit opposer la contagion du bien à la contagion du mal.

L'amiral Pothuau sera pour nous un

glorieux sujet d'étude. Il est justement populaire.

La France a toujours eu pour ses marins célèbres une préférence tendre. Elle aime ceux de ses enfants qui s'en vont porter le drapeau par delà les mers. Il s'attache à ce dur métier une considération, une affection spéciale : le cœur du peuple va tout droit aux vaillants, à ces âmes fortement trempées dont parlait Horace et qui, loin de redouter le danger, l'affrontent, n'estimant jamais qu'ils ont assez servi leur pays tant qu'il leur reste des forces pour le servir encore. On aime sincèrement ces modestes et hardis navigateurs ; on les aime à cause des périls auxquels ils sont exposés sans cesse, à cause de leur calme courage en présence de la tempête, à cause de leur force et de leur douceur, à cause des grands noms qu'ils ont donnés à l'histoire. On sait qu'ils contemplent la mort d'un visage souriant, que les flots en courroux ne les émeuvent point et qu'ils n'ont qu'une seule crainte, celle de ne pas assez bien remplir leur devoir.

Ils ont des ancêtres dont se souvient la nation et dont il suffit d'évoquer le souvenir pour que les yeux se mouillent de larmes et pour que les âmes tressaillent de l'enthousiasme qu'inspire la patrie. Ils continuent cette haute tradition et sont toujours prêts à verser leur sang pour la France, notre mère.

L'épouvantable guerre qui jamais ne sera oubliée, la guerre de 1870, a en quelque sorte resserré le lien qui unit les marins au peuple.

Les marins ont mérité la reconnaissance de tous. Ils ont été les premiers en valeur, en audace, en discipline, en héroïsme. Là où il y avait des marins en assez grand nombre, l'ennemi victorieux avait peur.

C'est dans cette lutte mémorable que l'amiral Pothuau, défenseur de Paris, conquit l'affection des Parisiens. Personne n'a oublié quelle part il prit à cette lutte terrible : Paris voulut que l'amiral continuât à défendre ses droits, et il le nomma député à la fin de la guerre.

Nous aurons à raconter comment il conquit un à un tous ses grades.

Nous dirons ensuite quel fut le rôle de ce brillant officier qui a parcouru toutes les mers du globe pendant plus de trente ans. Aussitôt qu'il sera mêlé aux affaires publiques, nous le verrons toujours fidèle à ses convictions politiques, toujours plein de droiture, d'énergie, et de conviction.

M. Thiers, qui se connaissait en hommes, n'hésita pas à nommer l'amiral Pothuau ministre de la marine, poste qu'il occupa deux fois et dans lequel il put donner la preuve de ses hautes facultés administratives.

Elu sénateur inamovible, puis, après son second ministère, envoyé à Londres en qualité d'ambassadeur de la République française, l'amiral ne cessa, dans toutes les missions qui lui furent confiées, de servir son pays avec éclat.

Il a, par l'honorabilité de son caractère, par la netteté de son attitude, l'affirmation de ses croyances, contribué pour une large part à l'établissement de la république en France. Ses services sont de ceux que l'on n'oublie pas ; ils ne seront jamais oubliés, et la sympathie publique le lui prouve.

Nous nous efforcerons d'expliquer clairement la succession des faits qui ont acquis à l'amiral Pothuau la réputation dont il jouit; nous tâcherons de bien dire comment la seule honnêteté et la seule volonté de bien faire trouvent leur récompense. S'il est devenu un homme d'État, c'est, ne l'oublions pas, que le service de la marine prédispose singulièrement au maniement des affaires publiques, tant au point de vue administratif qu'au point de vue politique.

Les officiers de marine investis de bonne heure d'un commandement, responsables de leurs actes longtemps avant d'avoir atteint l'âge de leur majorité, sont habitués à ordonner, à diriger.

A bord, il faut toujours beaucoup s'occuper d'administration. Et, dans ses lointains voyages, le marin souvent est chargé d'une mission délicate ; il doit se mettre en rapport avec les autorités de tous les pays où on l'envoie, apporter dans ces rapports une extrême prudence, ne compromettre aucun intérêt, ménager toutes les susceptibilités. Parfois des questions politiques sont effleurées et demandent plus de précautions encore.

C'est de la sorte que l'amiral Pothuau acquit une grande expérience des hommes et une grande expérience des affaires. Le récit de sa vie sera un récit attachant ; il est devenu illustre parce qu'il a considéré le devoir comme une règle inflexible.

VIE
DE
L'AMIRAL POTHUAU

CHAPITRE PREMIER

SOMMAIRE

Famille de l'amiral Pothuau. — Ses alliances. — Tableau de la vie aux colonies. — La famille Pothuau quitte la Martinique (1810). — Naissance de Louis-Pierre-Alexis Pothuau (Paris, 30 octobre 1815). — Retour à la Martinique. — Enfance et éducation. — Une vocation irrésistible. — Admission à l'École navale (1831). — Première croisière à bord de la *Médée* et de la *Junon*, dans la mer du Nord et dans la Manche (1832). — Siège d'Anvers. — Un aspirant énergique. — L'*Héroïne* et le capitaine Baudin. — Passage sur l'*Endymion*. — La campagne de l'*Atalante*. — Première promotion (1834).

L'amiral Pothuau est issu d'une famille française qui s'établit, il y a fort longtemps, à la Martinique. Son grand-père paternel, chevalier de Saint-Louis, fut commandant des milices coloniales de cette île de l'océan Atlantique qui, découverte par les Espagnols en 1493, fait partie des Petites-Antilles et est devenue une possession française en 1675, après sa cession à la compagnie des Indes occidentales.

Cette colonie, dont les Anglais s'emparèrent à trois reprises, nous fut définitivement acquise par le traité de novembre 1815.

Le grand-père maternel de l'amiral, M. Le Camus, fut notaire royal, puis membre de la Cour souveraine à Fort-Royal, aujourd'hui Fort-de-France. Cette ville, d'une importance à peu près égale à celle de Saint-Pierre, est le chef-lieu de la Martinique; son histoire est glorieuse; elle prit rapidement un très grand développement agricole et commercial.

M. Le Camus jouissait d'une fortune considérable et possédait une nombreuse et charmante famille alliée aux meilleures familles de l'île.

Il avait trois filles.

L'ainée, qui devint la mère du marin célèbre

dont nous écrivons la vie, épousa M. Pothuau, lequel, après avoir appartenu à la magistrature coloniale, occupa un emploi très élevé en Westphalie. Elle eut trois autres enfants : un fils aîné qui passa toute sa vie à la Martinique, et deux filles, dont l'une épousa M. Guilhem, ancien receveur général à Lille, et l'autre, M. Roch, qui est parvenu dans l'armée au grade d'intendant militaire.

La cadette des filles de M. Le Camus se maria avec le général Ocher de Beaupré.

La plus jeune épousa en premières noces le général comte Morio, qui fut tué en Wesphalie, et en secondes noces, l'illustre amiral Duperré.

Le conseiller à la cour souveraine, chef de cette famille, vivait ainsi que les colons de cette époque dans un grand luxe ; sa maison était ouverte à tous ; il se plaisait à donner des fêtes magnifiques. En ce temps-là, l'or facilement gagné se dépensait avec une prodigalité inouïe et ne comptait pour rien, tant étaient considérables les fortunes dues à la fertilité du sol et à la production du sucre et du café, au commerce alimenté par des centaines de navires qui, attirés par la sécurité des ports, avaient fait de la Martinique le marché général des Antilles françaises.

Aussi la Martinique avait pris un tel rang aux Antilles, qu'elle égalait presque Saint-Domingue, dont le faste est resté légendaire.

Le climat était délicieux. La terre produisait sans trop d'efforts des récoltes d'un prix incalculable, et les colons, qui possédaient des propriétés immenses, dépensaient leurs revenus avec une insouciance superbe, une prodigalité royale. Qu'avaient-ils à calculer? Leurs coffres s'emplissaient à mesure qu'ils s'efforçaient de les vider.

C'était un continuel va-et-vient, une sorte de train de plaisir perpétuel entre Paris et la colonie. Dans la capitale, ces Français favorisés de Plutus devaient être tentés de faire agrandir les fenêtres afin de pouvoir jeter plus aisément au vent des poignées de louis; ils étaient les nababs et les princes russes de leur époque ; les gazettes ont conté leurs folies magnifiques.

Ils avaient les qualités brillantes et les vices aimables à la mode, l'esprit, le courage, la légèreté, la frivolité, les vertus et les défauts qui constituaient alors le caractère français et qui étaient l'apanage des hautes classes d'une société corrompue mais séduisante.

Ils faisaient aussi bon marché de leur sang que de leur or ; dégainaient aussi aisément qu'ils se ruinaient ; aimaient d'un égal amour le danger et le plaisir, les duels et les festins, les batailles et les orgies.

On sait comment ils pratiquaient chez eux l'hospitalité. Ces hommes orgueilleux et élégants, prompts à la colère, habitués à commander et à dominer en souverains maîtres, se faisaient tuer joyeusement, comme ils vivaient, et n'avaient qu'un souci : ne point calculer. A la Martinique où l'on jouait un jeu d'enfer, on ne comptait pas les enjeux sur les tapis verts ; on faisait devant soi des tas d'or à peu près égaux, et l'on risquait cela sur un coup de dé.

Quant aux femmes créoles, elles étaient telles qu'on les a souvent dépeintes, belles, charmantes, le teint mat, de longs cheveux noirs, des yeux brillants, des mains d'une délicatesse rare et des pieds d'enfant dont elles ne se servaient presque jamais pour marcher, malgré la recommandation de La Bruyère aux dames de son temps. On les promenait en palanquin ; elles ne s'exposaient jamais à l'ardeur du soleil; molles, paresseuses, ayant à leur service des troupes d'esclaves qui prévenaient leurs moindres désirs, elles prenaient grand soin de leur beauté et se préoccupaient beaucoup de plaire. Cependant on s'accorde à reconnaître qu'elles faisaient d'excellentes mères de famille.

Faut-il refaire le procès de cette société frivole ? non ; on en a dit tout ce qu'on en devait dire ; elle avait été élevée avec une grande liberté d'agir ; elle était le reflet des mœurs de la cour. Elle a disparu, elle a été cruellement châtiée de son insouciance; ses descendants ont prouvé néanmoins qu'ils savaient se conduire en hommes dignes de ce nom et conquérir dans le monde des places dues à leur travail, à leur honnêteté et à leur valeur.

Ce fut la Révolution française qui, par un coup de tonnerre, fit disparaître cette société et lui apprit la sagesse en la ruinant.

Un décret de l'Assemblée nationale déclara d'abord les hommes de couleur égaux aux blancs ; puis la Convention proclama la liberté des noirs, des esclaves qui enrichissaient les colons.

A la Martinique, comme ailleurs, les fortunes qui ne reposaient que sur l'esclavage s'évanouirent aussitôt. Une guerre civile survint qui permit aux Anglais, en 1794, de s'emparer de l'île une fois encore, occupation qui dura huit années, et les colons revinrent presque tous en France.

Le père de l'amiral Pothuau, qui avait hérité de biens considérables disparus en partie dans la tourmente, resta cependant quelque temps la Martinique qu'il ne quitta que vers 1810, pour s'établir momentanément à Paris. De là, il se rendit en Westphalie, et, après la chute du gouvernement impérial, revint de nouveau dans la capitale de la France.

C'est là que naquit, rue Duphot, n° 20, le 30 octobre 1815, l'amiral Pothuau (Louis-Pierre-Alexis).

Ses parents ayant conservé quelques propriétés à la Martinique, y retournèrent quatre ans plus tard emmenant leur fils avec eux.

Celui-ci y resta trois années, puis revint en France confié aux soins d'une de ses tantes, la comtesse Morio. De graves intérêts exigeaient que le reste de la famille demeurât aux Antilles.

La comtesse Morio, devenue plus tard madame l'amirale Duperré, se montra pour son neveu une seconde mère.

Le dévouement de cette femme remarquable à tous égards ne se lassa jamais ; elle veilla sur celui qui lui était confié avec une sollicitude de tous les instants, avec une tendresse dont elle devait être récompensée. Elle sut diriger virilement et maternellement l'éducation du futur ministre de la marine.

Le jeune Pothuau fut placé par ses soins dans une pension très en vogue sous la Restauration et qui méritait son succès et sa réputation.

C'était la pension établie à Fontenay-aux-Roses, et tenue par M. Morin.

Cet instituteur avait introduit de très intelligentes réformes dans l'enseignement et établi un système d'éducation en quelque sorte nouveau.

Au lieu de consacrer la plus grande partie de leur temps à l'étude des langues mortes, les élèves apprenaient ces langues par un procédé à peu près semblable à celui connu sous le nom de méthode Jacotot. Point de division en annuités.

On voyait tous ses auteurs et on les savait suffisamment sans s'y appesantir comme l'on fait dans l'enseignement universitaire. Cela permettait de mener de front tout le reste, les langues vivantes et la géographie, l'histoire et l'étude si importante de notre langue française : en un mot, un enseignement absolument pratique, et donnant aux nombreux jeunes gens réunis à Fontenay-aux-Roses les notions géographiques les plus étendues.

A seize ans, en 1831, le jeune Pothuau, après avoir passé son examen au port de Brest fut admis à l'École navale.

Être marin, cela fut pour lui une irrésistible vocation qui s'était manifestée dès sa plus tendre enfance. Il avait commencé par faire une fois le voyage de France à la Martinique, *et vice versa*, sur un bâtiment de commerce appartenant au port de Nantes et commandé par le capitaine Gautreau, réputé un des meilleurs officiers de la marine marchande. Les traversées ne furent point exemptes de mauvais temps. Le bâtiment eut à essuyer de fortes bourrasques : une trombe passa près du bord et faillit l'engloutir. Le jeune passager, loin d'avoir peur, se plaisait déjà à regarder en face le danger, et c'est avec une crânerie enfantine et une sorte de dédain qu'il regardait d'un côté les passagers atteints du mal de mer, et de l'autre les flots en courroux. Le capitaine Gautreau dut encourager cette vaillance naissante. En outre, la comtesse Morio, veuve mais déjà fiancée à l'amiral Duperré, se plaisait sans doute à vanter les exploits des navigateurs.

Pour ces raisons ou pour d'autres, la vocation s'était, nous le répétons, nettement dessinée dès le premier âge : la résolution de l'enfant était ferme, inébranlable ; on n'y mit point obstacle, et il sut prouver qu'il avait eu raison dans le choix de sa carrière.

Au moment de l'admission à l'École navale, le jeune homme, quoique jouissant d'une bonne santé, avait une apparence si délicate, que le médecin du bord qui l'examina ne put s'empêcher de témoigner des craintes, d'insister sur les terribles fatigues du métier, redoutant qu'elles ne fussent au-dessus des forces de l'aspirant.

Alfred (1) Pothuau riposta vigoureusement au médecin. — Il se sentait de taille à courir les mers ; *il avait déjà navigué, sans être malade :* il se portait mieux sur l'eau que sur terre ; il ne comprenait pas qu'on mît en doute sa vigueur. Au reste, il aimait mieux mourir que renoncer à la marine.

De semblables arguments convainquirent ses chefs, et l'avenir lui donna raison. Content de remplir son devoir, joyeux de pouvoir débuter dans une carrière par lui choisie et qu'il aimait déjà instinctivement, il se fortifia d'une manière sensible pendant son séjour sur le vaisseau-école *le Borda*.

Sorti au bout d'un an de l'École navale, il commença ses voyages par une croisière des plus pénibles dans la mer du Nord et dans la

---

(1) Ce prénom d'Alfred sous lequel il est resté connu lui a été donné par sa famille, bien qu'il ne se trouve pas sur son acte de naissance.

Manche, à bord des frégates *la Médée* et *la Junon*, sous les ordres du capitaine Troude.

C'était l'époque du siège d'Anvers qui fut fait par l'armée française dans les circonstances suivantes :

Après la révolution de Juillet, la Belgique, incorporée à la Hollande par les traités de 1815, se révolta contre cette domination et proclama son indépendance. Les Belges offrirent aussitôt la couronne au duc de Nemours ; mais Louis-Philippe, avec sa timidité habituelle, refusa cet honneur pour son fils.

Ce refus, dicté par la crainte, n'évita point la guerre. Le roi de Hollande soumit le différend aux puissances signataires des traités de 1815 ; il y eut des conférences sans fin ; le prince Léopold, de la maison de Saxe-Cobourg, fut proclamé roi de Belgique, et comme la Hollande ne se montra pas satisfaite de ce résultat, la France intervint par les armes pour faire respecter l'œuvre de la conférence à laquelle elle avait été mêlée.

Nos troupes aidées par nos marins vinrent à bout, comme on sait, de la citadelle qui défendait Anvers.

La marine française, de concert avec la marine anglaise, avait pour mission de surveiller les côtes et de s'emparer des bâtiments de commerce hollandais. La croisière, particulièrement pendant la saison d'hiver, fut des plus dures. Souvent, par les mauvais temps, nos bâtiments manquaient de vivres frais, et la santé des équipages eut fort à souffrir de si cruelles privations. Avec cela, il fallait une surveillance constante, une vigilance de tous les instants ; peu de sommeil ; beaucoup de fatigues ; une nourriture insuffisante : tel fut le sort de nos marins.

Jolis débuts pour l'aspirant Pothuau.

Loin de le lasser et de le rebuter, ces débuts l'encouragèrent dans sa résolution. Il se montra dès lors ce qu'il devait toujours être, zélé, ardent, heureux de remplir son devoir, toujours à son poste, ne se plaignant jamais, encourageant ses hommes, fier de servir son pays. Un si pénible apprentissage développa en lui les qualités de marin dont il fit preuve toute sa vie, et c'est avec bonheur qu'il se souvint de ces premières épreuves de la navigation.

Après la reddition d'Anvers et à la paix qui s'ensuivit, les bâtiments de la division navale française, placée alors sous le commandement du contre-amiral de Mackau, allèrent prendre à Dunkerque les prisonniers hollandais qu'on y avait envoyés et les ramenèrent à Flessingue.

Peu de temps après eut lieu à Brest le désarmement de la *Junon*, et l'aspirant Pothuau fut destiné à la corvette *l'Héroïne*, qui stationnait à cette époque dans le Tage sous le commandement du capitaine Baudin, devenu depuis amiral.

Il prit passage pour se rendre à son poste sur la corvette *la Créole*, capitaine Lemarié. Son embarquement sur l'*Héroïne* fut pour lui un heureux événement; le capitaine Baudin était un chef excellent, un marin illustre qui, comprenant les excellentes dispositions de l'aspirant, sut diriger son ardeur, lui donner de pratiques conseils et prêcher d'exemple en s'acquittant de sa tâche avec un zèle infatigable.

La physionomie est intéressante à étudier; quelques traits suffiront à l'indiquer et à la rappeler.

Né en 1784, fils du conventionnel Baudin, il entra dans la marine à quinze ans et jouit, jusqu'au moment où il fut nommé enseigne de vaisseau, d'une pension de mille francs en récompense de la belle conduite de son père. Dans un combat contre les Anglais dans la mer des Indes, en 1808, il eut le bras droit emporté par un boulet. Il se vengea quatre ans après en battant, à la suite d'une lutte acharnée, un brick anglais dans la mer Méditerranée.

Après les Cent jours, comme il ne voulait point servir le gouvernement des Bourbons, qu'il détestait, le capitaine Baudin donna sa démission, et fonda au Havre une maison de commerce. La révolution de 1830 ayant amené de nombreuses faillites, Baudin, pour sauver son honneur commercial, reprit du service dans la marine, avec le grade de capitaine de frégate.

C'était une âme fière et bien trempée, un des plus remarquables marins de ce siècle. Tel fut le maître énergique qui guida l'aspirant Pothuau dans le chemin du devoir et de l'honneur. Ce mutilé glorieux se plaisait le soir, à bord de sa corvette, à raconter au jeune homme ses campagnes du premier Empire; il lui disait qu'avec du courage et de la droiture, on arrive à tout, et en même temps qu'il formait un officier de mérite, il développait un cœur d'homme.

L'*Héroïne* était un des bâtiments les mieux tenus qu'on puisse imaginer ; on n'y badinait pas avec le service, car, pour s'être fait marchand, le commandant Baudin n'avait pas oublié le métier, et l'on avait en lui une confiance aveugle. On savait que si l'*Héroïne* était appelée à tirer le canon, il y avait à son bord un brave à qui le canon ne faisait pas peur.

Mais après un séjour de quelques mois dans

le Tage le commandant Baudin fut nommé capitaine de vaisseau et ramena l'*Héroïne* à Brest où elle fut désarmée.

Cette courte campagne qui marqua dans les débuts de la carrière du jeune Pothuau, le mit en rapport avec un marin loyal, instruit, respectueux de la discipline, sachant pratiquer le devoir. Ce noble exemple était à imiter; il le fut.

A Brest, l'aspirant prit passage sur l'*Endymion*, capitaine Lavaud, qui se rendait aux colonies pour faire partie de la station des Antilles.

Il était destiné à embarquer sur la frégate l'*Atalante* à bord de laquelle flottait le pavillon du contre-amiral de Mackau, et rejoignit ce bâtiment en rade de Saint-Pierre à la Martinique.

La campagne de l'*Atalante* dura dix-sept mois pendant lesquels ce navire visita la plupart des Antilles, Carthagène de la côte ferme et en dernier lieu Terre-Neuve. Cette campagne procura au jeune aspirant l'occasion de revoir son vieux père et une partie de sa famille.

Sur l'*Atalante* comme sur l'*Héroïne*, le service était actif, parfaitement ordonné, et le jeune Pothuau continua à se distinguer par son travail, la ponctualité avec laquelle il exécutait les ordres qu'on lui donnait, le bon vouloir qu'il apportait en toute chose.

C'était avec joie qu'il s'occupait de ses pénibles fonctions. Son zèle fut remarqué, et au retour de l'*Atalante* à Brest, en décembre 1834, il passa aspirant de première classe.

Cette première récompense obtenue après un brillant examen et justement méritée redoubla son ardeur. Sans repos aucun, il quitta le bord de l'*Atalante* pour celui de la *Bonite*, capitaine Vaillant, qui se destinait à faire un voyage de circumnavigation.

CHAPITRE II

SOMMAIRE

Campagne de la *Bonite*. — Embarquement sur la *Sabine* (1827). — Une école de canonnage. — Départ pour la Méditerranée. — Effroyable tempête. — Dévouement de l'enseigne Pothuau. — Campagne du *Cygne*. — Guerre contre le Mexique. — Tremblement de terre à la Martinique (1838). — La fièvre jaune. — Retour en France. — Éloges mérités. — M. Pothuau est choisi comme officier d'ordonnance par l'amiral Duperré. — Complément d'éducation. — Nomination au grade de lieutenant (26 octobre 1840). — Réembarquement sur le *Grenadier*, sur l'*Océan* (1843). — Le lieutenant Pothuau est fait chevalier de la Légion d'honneur (25 avril 1844).

La campagne de la *Bonite*, qui visita les principaux points du globe, fut une campagne scientifique. Il y avait à bord un certain nombre de savants et des officiers distingués qui travaillaient avec ardeur. Chacun était animé du désir de remplir dignement le travail qui lui était confié; on se levait tôt, car on avait à cœur de prouver qu'on savait accomplir sa tâche.

Les résultats de ces travaux d'exploration furent excellents, et le jeune aspirant Pothuau, qui y prit part avec son ardeur habituelle, se distingua de telle sorte, que pendant la campagne il conquit, au choix, le grade d'enseigne de vaisseau.

L'expédition se termina à la fin de l'année 1837, et la corvette, de retour à Brest, fut désarmée.

Aussitôt, jaloux de justifier la distinction dont il venait d'être l'objet, l'enseigne demanda à embarquer de nouveau. Certes, il avait droit à un congé; sans contredit ses états de service déjà remarquables et ses traversées longues et ininterrompues depuis sa sortie du *Borda* lui permettaient de solliciter un repos bien mérité. Mais il tenait à se distinguer plus encore, et, sur sa demande, il fut admis, sous le commandement du capitaine Lapierre, à bord de la corvette *la Sabine*, destinée à servir d'école de canonnage.

Il s'agissait d'expériences à faire, et le ministre de la marine attachait à cette institution nouvelle une importance exceptionnelle, se préoccupant avec un souci particulier de former de bons canonniers. Le but fut atteint, grâce au dévouement des officiers, et cette école, en se développant, rendit d'immenses services.

Sur la *Sabine,* l'enseigne Pothuau redoubla de zèle; il donnait l'exemple de l'étude, de l'application, de la discipline, et, craignant de perdre du temps, il ne se permettait de descendre à terre qu'à de rares intervalles.

La *Sabine,* au bout de quelques mois, reçut l'ordre de quitter Brest pour aller stationner dans la Méditerranée.

A sa sortie de l'Iroise, elle fut assaillie par un terrible coup de vent d'O.-S.-O. Ce fut une de ces effroyables tempêtes que les poètes se sont plu à décrire, et que Victor Hugo a dépeinte de la sorte : « Les vents courent, volent, s'abattent, finissent, recommencent, planent, sifflent, mugissent, rient; frénétiques, lascifs, effrénés, prenant leurs aises sur la vague irascible.

« Ces hurleurs ont une harmonie. Ils font tout le ciel sonore. Ils soufflent dans la nuée comme dans un cuivre; ils embouchent l'espace et ils chantent dans l'infini, avec toutes les voix amalgamées des clairons, des buccins, des olifants, des bugles et des trompettes, une sorte de fanfare prométhéenne... L'eau est souple parce qu'elle est compressible, elle glisse sous l'effort; chargée d'un côté, elle échappe de l'autre. C'est ainsi que l'eau se fait l'onde. La vague est sa liberté... Une *tempête*, cela se complote... Tout l'abîme est impliqué dans une *tempête*. L'océan entier est dans une bourrasque. La totalité de ses forces y entre en ligne et y prend part.

« Les spirales indéfinies et fuyantes du vent sifflent en tordant le flot; les vagues, devenues disques sous ces tournoiements, sont lancées contre les brisants comme des palets gigantesques par des athlètes invisibles. L'énorme écume échevelle toutes les roches... Puis les mugissements redoublent. Aucune rumeur humaine ou bestiale ne saurait donner l'idée des fracas mêlés à ces dislocations de la mer. La nuée canonne, les grêlons mitraillent, la houle escalade. De certains points semblent immobiles; sur d'autres, le vent fait vingt toises par seconde... »

Durant trois jours, la *Sabine* fut secouée par une semblable tourmente; elle eut son arrière défoncé; les flots en furie lui enlevèrent ses dromes et ses canots de porte-manteau. Dans la mâture, le gréement neuf avait pris du mou; tout fouettait et se cassait; la corvette pouvait périr d'un instant à l'autre sous l'effet des éléments déchaînés.

Avec cela, l'équipage, embarqué depuis peu de temps et non encore amariné, se laissait aller au découragement; les matelots un moment vaincus par cette effroyable tempête hésitaient à grimper dans la mâture furieusement secouée et qui menaçait de s'écrouler.

En présence de ce danger terrible, l'enseigne de vaisseau Pothuau n'hésita pas. Il monta dans les hunes, encourageant les gabiers par son exemple, donnant ses ordres au milieu de la tourmente, luttant avec une énergie que redoublait le danger.

Pendant presque toute la durée de l'ouragan il demeura dans la mâture, qui parvint à être consolidée grâce à ses efforts et à son courage. Sans lui la corvette eût couru de grands dangers et subi des avaries encore plus graves que celles qui la contraignirent à rentrer à Brest, aussitôt que le temps redevint maniable, afin de se remettre en état de reprendre la mer.

De Brest, le commandant Lapierre adressa au ministre de la marine un rapport dans lequel il fit ressortir, comme il convenait, la belle conduite de son enseigne.

La corvette, une fois réappareillée, se rendit dans la Méditerranée, où elle continua ses expériences de tir. Les exercices de canonnage se faisaient sur les principaux points du littoral de la France, en Corse et sur la côte d'Italie.

Ce service essentiellement militaire intéressait au plus haut point le jeune officier dont nous écrivons la vie. Mais à la nouvelle que le brick *le Cygne*, capitaine du Bourdieu, allait partir pour les Antilles avec la perspective de faire partie de l'expédition du Mexique, il n'hésita pas à demander au commandant Lapierre l'autorisation de quitter la *Sabine*.

Le commandant du Bourdieu consentit volontiers à le prendre dans son état-major.

La campagne du *Cygne* ne fut pas malheureusement ce qu'elle promettait d'être au départ de Toulon.

Le brick, au lieu d'être envoyé à la division navale de l'amiral Baudin, fut gardé aux Antilles par M. de Moges, gouverneur de la Martinique, afin de croiser aux atterrages des îles et de capturer les bâtiments mexicains que l'on pourrait apercevoir.

La France avait été amenée à cette époque à se mêler des affaires du Mexique par suite de circonstances qu'il est utile de rappeler. Le général Santa-Anna, porté précédemment à la présidence de la République mexicaine, avait résolu de centraliser le pouvoir à Mexico, et dans le but de soumettre les États à une même volonté, il avait publié un édit le 23 octobre 1835 et convoqué un autre congrès.

Les nouveaux députés chargés de reviser la Constitution, proclamèrent la République mexicaine *une* et *indivisible*, changeant en départements relevant du gouvernement central, les États qui avaient été proclamés souverains par la Constitution de 1824.

L'édit de Santa-Anna et les débats du Congrès provoquèrent l'insurrection et la séparation du Texas, qui protesta en faveur des droits fédéraux et se déclara indépendant le 2 mars 1836.

Santa-Anna s'efforça de comprimer ce mouvement et envahit le Texas avec une armée ; il fut battu, fait prisonnier, et on ne lui fit grâce de la vie qu'à condition qu'il renoncerait à la lutte et ferait reconnaître par le Congrès mexicain l'indépendance de la République du Texas.

Mais le Mexique avait nommé président Anastase Bustamente, et sur ces entrefaites des révoltes avaient éclaté en différents points.

En 1838, les embarras redoublèrent, et la France, pour appuyer les réclamations de son ministre, dut envoyer une escadre dans les eaux du golfe et bloquer les ports de la République du côté de l'orient.

Le contre-amiral Baudin parut devant Vera-Cruz à la tête de plusieurs bâtiments de guerre. Le 27 novembre il attaqua le fort St-Jean d'Ulloa et s'en empara après un brillant combat de trois heures. Sur ces entrefaites, l'amiral reçut un ordre secret de Louis-Philippe qui le contraignit à accepter la médiation anglaise, et le gouvernement mexicain se trouva de la sorte débarrassé de l'agression française.

C'est à cette lutte qu'espérait pouvoir prendre

part l'enseigne Pothuau, toujours animé du noble désir de se signaler. On sait pourquoi il dut se résigner à une simple croisière.

Dans les premiers jours du mouillage du *Cygne* à Fort-de-France (Martinique), eut lieu le terrible tremblement de terre qui renversa une partie de la ville et fit périr un grand nombre de ses habitants; on compta plus de huit cents victimes. — Nos marins eurent beaucoup de peine à retirer les cadavres de dessous les décombres.

Les secousses du tremblement de terre de la Martinique se propagèrent sur toutes les Antilles, sur la Floride, sur les côtes du golfe du Mexique, et sur une partie de l'Amérique du Sud, c'est-à-dire sur une étendue de trois cent soixante quinze mille lieues carrées.

Un champ d'action si étendu montre que les forces qui produisent ces phénomènes se manifestent profondément dans l'intérieur de notre planète, et non à la surface seulement.

L'effet produit par une semblable catastrophe

est terrible. « Cette impression, a dit Alex. de Humboldt, ne provient pas de ce que l'image des désastres dont l'histoire nous a conservé le souvenir se présente à notre imagination. Ce qui nous saisit, c'est que nous perdons tout à coup notre confiance innée dans la stabilité du sol. Dès notre enfance, nous étions habitués au contraste de la mobilité de l'eau avec l'immobilité de la terre ; tous les témoignages de nos sens avaient fortifié notre sécurité. Le sol vient-il à trembler, ce moment suffit pour détruire l'expérience de toute la vie. C'est une puissance inconnue qui se révèle tout à coup ; le calme de la nature n'est qu'une illusion, et nous nous sentons rejetés violemment dans un chaos de forces destructives. Alors chaque bruit, chaque souffle d'air excite l'attention ; on se défie surtout du sol sur lequel on marche. Les animaux éprouvent cette angoisse ; les crocodiles de l'Orénoque, d'ordinaire aussi muets que nos petits lézards, fuient le lit ébranlé du fleuve et courent en mugissant vers la forêt. »

Il y eut en 1693 un tremblement de terre qui renversa la ville de Messine et cinquante autres localités de la Sicile, et qui, quoique ayant duré cinq secondes à peine, causa la mort de plus de 60,000 personnes.

Le désastre fut moins considérable à la Martinique, mais la plupart des maisons s'écroulèrent avec un fracas terrible.

Grâce aux secours apportés par le *Cygne* et par les autres bâtiments qui se trouvaient au mouillage, un certain nombre d'habitants purent être sauvés ; les infortunés se trouvaient sans ressources et contraints de camper en plein air.

Ce terrible événement enfanta un autre malheur. Par suite de la perturbation atmosphérique, il se produisit une recrudescence de la fièvre jaune qui sévissait depuis quelque temps dans ces parages.

Le fléau se répandit rapidement dans toutes les Antilles, et le *Cygne* fut atteint de cette douloureuse et dangereuse maladie, connue aussi sous le nom de *vomito-negro*. Une des premières victimes du *Cygne*, fut le médecin Jourdan, ami dévoué de l'enseigne Pothuau. Celui-ci le veilla et le soigna jusqu'à sa mort à Fort-Royal.

A l'arrivée à Saint-Domingue, il y eut un redoublement de l'épidémie sur le *Cygne*, qui perdit une partie de son équipage. Pothuau, atteint à son tour, fut assez heureux pour se guérir; mais il demeura très malade pendant plusieurs mois, et il n'était point encore complètement rétabli, lorsqu'il revint en France avec le brick sur lequel il s'était embarqué.

En quittant le *Cygne*, sa santé se trouvait encore à ce point altérée à la suite de la fièvre et des fatigues incessantes d'une navigation ayant duré près de neuf années, qu'il dut, malgré lui, prendre un peu de repos.

Il rejoignit sa famille, muni des témoignages les plus flatteurs de ses chefs.

En particulier, le capitaine du Bourdieu, son dernier commandant, fit de lui l'éloge suivant :

« Officier plein de cœur et d'envie de bien faire. Passionné pour son état, il se fait remarquer par ses connaissances spéciales en marine, par un zèle consciencieux et rigoureux dans l'acquittement de ses devoirs. — Il a du coup d'œil, de l'aplomb, beaucoup de commandement et un goût prononcé pour l'étude. C'est déjà un bon officier, et il promet de devenir un sujet des plus distingués. »

Le capitaine du Bourdieu se connaissait en hommes. L'officier qui méritait à ses débuts une semblable louange devait en effet tenir de si belles promesses.

Aussi l'amiral Duperré, son oncle, alors ministre de la marine, l'accueillit-il avec une véritable joie.

Il le prit près de lui comme son officier d'ordonnance, et, plus tard, en quittant le ministère, le laissa, en cette qualité, à son successeur, l'amiral Roussin.

Ces fonctions furent utiles au jeune enseigne ; elles lui laissèrent des loisirs qu'il sut mettre à profit, allant dans le monde, fréquentant les hommes politiques, se créant des relations et travaillant avec courage afin de compléter son éducation comme il convenait.

A l'âge où l'on entre sur le vaisseau-école pour y apprendre le métier, l'instruction ne peut, nécessairement, être complète : ce sont presque des enfants qu'il faut former, enfants qui, en vue de leur avenir, ont dû se consacrer à des études spéciales continuées sur le *Borda*. Après ces études premières, la navigation commence aussitôt ; les fatigues, les travaux auxquels il faut se livrer, le commandement des manœuvres, absorbent alors toutes les journées. L'Océan est une dure nourrice et les flots passent pour des berceuses peu tendres ; mais ce sont des hommes qu'ils élèvent.

L'enseigne Pothuau fut un brillant officier d'ordonnance ; d'esprit sérieux et curieux, désirant s'instruire et savoir le plus possible, il ne perdit point le temps qu'il passa à Paris au ministère. L'étude eut toujours des charmes pour lui, et il acquit pendant le temps qu'il fut officier d'ordonnance du ministre de la marine des connaissances très étendues.

Aussi les services qu'il avait précédemment rendus d'une manière si soutenue et avec tant de dévouement, de même que sa conduite irréprochable, ne tardèrent pas à lui valoir le grade de lieutenant de vaisseau.

A l'époque de cette promotion, le 26 octobre 1840, il n'avait que vingt-cinq ans.

Aussitôt que sa santé fut complètement rétablie, il reprit la mer en qualité de second du brick *le Grenadier*, commandé par le brave Édouard Pénaud qui, depuis, devint vice-amiral.

Ce bâtiment tenait alors station sur les côtes d'Italie.

Plus tard, il fut envoyé à Alger et, enfin, dans le Levant.

Il passait à cette époque pour un modèle de bonne tenue et fut ainsi apprécié, avec les plus grands éloges, par M. de La Susse, qui commandait la station du Levant.

En 1843, le lieutenant Pothuau embarqua sur le vaisseau *l'Océan*, à la demande du vice-amiral Hugon, qui commandait l'escadre de la Méditerranée.

C'était la première fois que le jeune et brillant officier naviguait dans l'escadre. Il ne pouvait avoir de chef plus expérimenté, possédant à un plus haut point les rares qualités du marin. Et le vaisseau *l'Océan*, commandé par le capitaine Jacquinot était, lui aussi, un de ces bâtiments modèles sur lesquels tout se fait avec une méthode et une régularité exemplaires.

Après quelques mois, le commandement de l'escadre passa aux mains de l'amiral Parseval, officier général de la marine des plus estimés, des plus honorables et des plus aimés.

Ce chef qui a laissé de si bons souvenirs dans la marine distingua vite le lieutenant Pothuau, lequel continuait à ne se point ménager et à attirer sur lui l'attention : il le recommanda chaleureusement pour lui faire obtenir la croix de chevalier de la Légion d'honneur qui lui fut accordée le 25 avril 1844.

C'était la juste distinction de services incontestables et exceptionnels. Mais le jeune officier malgré son désir n'avait encore participé [à aucune action de guerre. L'occasion se présenta enfin. Il la saisit avec empressement, et nous allons le voir à l'œuvre.

CHAPITRE III

SOMMAIRE

Expédition au Maroc (1844). — Bombardement de Mogador. — Conduite du *Triton*. — Le lieutenant de la batterie haute. — Combat de l'îlot Mogador. — Un volontaire d'infanterie de marine aux journées de juin 1848. — Incendie à l'arsenal de Cherbourg. — Dévouement des officiers de marine. — Le cotre *le Mutin*. — Navigation difficile. — Pêche de la morue et pêche du hareng. — Surveillance des côtes d'Europe et des côtes d'Angleterre. — Pris par les glaces. — Retour du *Mutin*. — Promotion au grade de capitaine de frégate (5 décembre 1850).

Vers le milieu du mois de juillet 1844, trois vaisseaux de l'escadre, le *Suffren*, le *Triton* et le *Jemmapes*, furent détachés pour aller sous les ordres du prince de Joinville tirer satisfaction du Maroc.

Le Maroc, complètement isolé du reste de l'Islamisme à la suite de notre conquête de l'Algérie, n'avait cessé depuis cette époque de se montrer hostile à la France.

Le chérif Mouley-Abd-er-Rhaman crut devoir favoriser ouvertement l'insurrection fomentée par Abd-el-Kader dans notre colonie, et il fallut tirer l'épée.

C'est à cette expédition que le lieutenant de vaisseau Pothuau demanda à prendre part, sollicitant pour cela l'autorisation de son commandant en chef, lequel, comprenant ce vaillant désir d'aller là où parlait le canon, accorda l'autorisation demandée.

L'expédition se termina par la victoire d'Isly que remporta le maréchal Bugeaud, le 14 août 1844. Cette glorieuse bataille fut précédée du bombardement des villes de Tanger et de Mogador, et c'est devant Mogador que le lieutenant Pothuau se distingua particulièrement.

Il avait obtenu de passer sur le vaisseau *le Triton*, commandé par le capitaine Bellanger.

Le récit de cette expédition offre un intérêt spécial. Le prince de Joinville qui la commandait, après avoir groupé son escadre venant de Cadix et d'Oran, fit d'abord le bombardement de Tanger avec beaucoup de résolution, et les forts marocains, quoique très solidement établis, furent démolis au bout de quelques heures.

Le *Triton* avait été chargé de réduire au silence les forts placés à revers en dehors de la baie.

Il s'acquitta fort heureusement de sa mission.

Tanger une fois en notre possession, toute l'escadre s'achemina vers Mogador pour livrer un second combat.

Cette ville importante du littoral se trouvait, de même que Tanger, défendue par des fortifications très bien faites et dont on attribuait la construction aux Espagnols. Qu'elles aient été ou non établies par eux, il est certain qu'à ce moment les pièces étaient servies par des renégats espagnols, bons soldats, sachant parfaitement leur métier et qui soutinrent vaillamment la lutte.

Au moment où notre escadre se présenta devant Mogador, le temps n'était point favorable. Il soufflait à la côte un vent assez fort et les brises fraîches occasionnaient dans la journée un peu de mer et de la houle. Il fallut donc attendre quelques jours à cause de la difficulté de pouvoir s'embosser. L'agitation de la mer eût rendu notre tir inefficace ou du moins eût nui à sa précision.

Enfin le vent se calma; nos navires purent approcher à une distance convenable, et le feu commença contre les défenses garnissant la côte et l'îlot Mogador, qui ferme le port intérieur de la place.

Le vaisseau *le Triton* arriva le premier sous les forts et mouilla à un peu plus de 700 mètres du plus important; avant d'atteindre cette position, comme la brise était devenue très faible, il fut pendant plus de trois quarts d'heure le point de mire du feu de l'ennemi et reçut un grand nombre de projectiles dans ses voiles, dans son gréement et dans sa coque.

Une fois mouillé et bien à son poste, le *Triton*

commença à riposter avec une vigueur et une justesse qui lui assurèrent aussitôt l'avantage.

Nos marins s'aperçurent, au ralentissement du feu de l'ennemi, qu'ils causaient à ses forts les plus sérieux dommages, et après trois heures de canonnade, notre victoire fut assurée.

Cependant le *Triton* eut peu à souffrir et ne perdit que quatorze hommes tués ou blessés. Cela tint non seulement à l'habileté de son tir, mais encore à une circonstance remarquable.

Tandis qu'il livrait la bataille, le vaisseau *le Jemmapes* était venu prendre position à son tour un peu à l'avant, de telle sorte que la fumée de ses canons masqua pendant un certain temps son compagnon et le protégea, nuisant quelque peu à son tir, il est vrai, mais le dérobant aux coups des Marocains. Le *Jemmapes* eut plus de trente hommes hors de combat.

La conduite du lieutenant Pothuau qui, avons-nous dit, commandait la batterie haute de par son droit d'ancienneté, fut au-dessus de tout éloge. On sait qu'il avait été à bonne école et avec quel zèle il s'était employé dans les expériences de canonnage faites précédemment. Il sut mettre à profit son expérience, son savoir et fit ce jour-là ses premières preuves de courage militaire.

Pendant que le *Triton* et le *Jemmapes* réduisaient au silence avec tant de bonheur les fortifications ennemies, l'action s'était engagée d'autre part dans la passe de Mogador et un débarquement s'opérait dans l'îlot sous la conduite du prince de Joinville.

Là, le combat fut plus sérieux encore et il fallut vaincre une résistance terrible. Huit cents soldats marocains, hommes d'élite, décidés à mourir plutôt que de se rendre, défendaient l'îlot pied à pied. On se battit corps à corps, et il fallut tuer les Marocains jusqu'au dernier. Ceux qui, à la fin, se virent cernés par nos soldats, ne voulurent point se laisser prendre, et, après avoir magnifiquement lutté, ils se précipitèrent du haut des rochers jusqu'au sommet desquels on les poursuivait.

Quelques jours après ce succès de nos armes, l'officier de la batterie basse du *Triton* tomba malade ; le second du bâtiment avait été blessé pendant une manœuvre ; le lieutenant Pothuau fut chargé du commandement en second, qu'il garda plus d'un mois ; c'était là un poste des plus importants pour un officier de vingt-neuf ans, mais on savait ce commandement en bonnes mains.

L'expédition lui fit le plus grand honneur.

A la fin de cette campagne des plus actives et des plus pénibles, le jeune lieutenant demanda et obtint un congé non moins mérité que le premier et qu'il alla passer dans sa famille.

Sa seconde période d'embarquement comptait quatre années consécutives.

Son congé expiré, les attestations flatteuses qu'il avait obtenues du commandant Bellanger et du prince de Joinville, le firent désigner d'abord pour le commandement du *Moustique,* à la station de Granville, et, plus tard, pour celui du yacht royal *la Reine-Amélie.*

Il parcourut avec ce dernier bâtiment une partie du littoral de la Manche et se familiarisa avec la navigation de cette mer étroite et difficile.

Cette situation de faveur, juste récompense des services rendus, allait l'amener au grade supérieur, bien qu'il n'eût encore que trente-trois ans, lorsque survint la révolution de 1848.

Il dut alors quitter son commandement et ne reprit du service actif que plusieurs mois après, en armant la frégate *le Sané* dont il devint second, avec le capitaine de frégate d'Abboville.

A cette époque éclata la sanglante insurrection de juin 1849. De toutes parts, la province envoya ses gardes nationales et ses troupes disponibles au secours de Paris.

Cherbourg prit part à ce mouvement général.

Nous avons dit dans notre *Histoire des trois Républiques françaises* ce que nous pensons de cette effroyable guerre civile produite par la dissolution des ateliers nationaux, œuvre de M. Marie. Le devoir, c'était de la combattre au nom du salut de la France.

Le lieutenant de vaisseau Pothuau quitta Cherbourg et se joignit en volontaire à un bataillon d'infanterie de marine, qui fut dirigé de ce port sur la capitale.

Ce bataillon ne prit pas part à la lutte; il resta seulement en position à la barrière Fontainebleau et au Panthéon.

De retour à Cherbourg, le jeune et brillant officier ne resta point inactif. Il s'occupa de l'armement des navires, et l'amiral Deloffre, alors préfet maritime, utilisa sa bonne volonté et son activité en le nommant rapporteur d'une commission chargée de reviser l'ordonnance de 1827 sur le service à la mer.

Le lieutenant Pothuau donna tous ses soins à ce travail, qui fut fort apprécié à Paris et considéré comme le meilleur de tous ceux que les ports y envoyèrent.

Il venait d'y mettre la dernière main lorsqu'une explosion se produisit à l'arsenal de Cherbourg et mit le feu, pendant la nuit, au magasin général.

Ce fut pour notre lieutenant l'occasion de se distinguer de nouveau. De même que, pendant la tempête, il montait aux échelles de son navire pour encourager les efforts des matelots et diriger les manœuvres, ainsi il escalada les poutres du magasin en proie aux flammes, et là, près de la toiture, au centre de l'incendie, il excita les marins et les ouvriers, les guida, montrant par son exemple ce que peut un homme de cœur.

Son attitude pendant ce grave sinistre ne contribua pas peu à éviter que le feu ne se propageât et ne causât d'irréparables dommages. Son nom fut cité parmi ceux des plus courageux.

Le préfet maritime lui témoigna toute sa satisfaction et profita de l'occasion qui s'offrit bientôt de lui faire obtenir un nouveau commandement, celui du cotre *le Mutin*, affecté à la station d'Islande.

Le petit bâtiment revenait de ces parages quand le lieutenant de vaisseau Pothuau en prit possession.

Avant de retourner à sa destination, le cotre *le Mutin* fut expédié à la station de Granville et employé à la surveillance et à la protection de la pêche pendant tout l'hiver de 1848 à 1849.

Chargé pour la seconde fois d'un semblable service, Pothuau s'en acquitta avec son activité habituelle, et, au commencement du printemps de 1849, il partit pour l'Islande avec ordre de toucher aux îles Shetland et aux îles Feroë.

La navigation dans ces mers du Nord était pour le petit cotre extrêmement difficile, périlleuse même; mais il s'attachait tant d'intérêt à la mission, que le commandant du *Mutin* n'avait souci ni du danger ni de la fatigue.

La France envoyait alors tous les ans à la pêche de la morue, sur la côte d'Islande, de cent cinquante à deux cents navires.

Nos bâtiments de la station de guerre devaient

escorter ces bateaux pêcheurs et leur prêter assistance en toute occasion. C'est à cela que s'employa le lieutenant Pothuau, placé sous les ordres du capitaine de frégate de Maucroix, commandant la station.

Après avoir servi à la côte Ouest pendant la première partie de la campagne, il fut détaché à la côte Est et passa par le Nord, voyage curieux pendant lequel il fut favorisé par un temps superbe.

C'est dans cette traversée qu'il rencontra le cotre *le Favori*, parti de France après lui et qui venait de recevoir d'importantes nouvelles.

Une manifestation inquiétante, celle des Bonnets à poil, avait été dispersée grâce aux habiles dispositions prises par le général Changarnier.

D'autre part, le choléra sévissait à Paris. Au nombre de ses plus illustres victimes se trouvait le maréchal Bugeaud. La mort d'un pareil homme était un véritable deuil national.

Le *Mutin* fut envoyé sur la côte d'Écosse à la

fin de la saison de pêche. Sa traversée de retour fut très rapide et s'accomplit en passant par le Pentland Firth.

Arrivé sur les côtes d'Écosse, son commandant en visita les principaux points et y exerça une surveillance de tous les instants sur la pêche du hareng qu'y pratiquent nos marins des ports du Nord.

Cette navigation de port à port sur la côt d'Écosse et aussi sur la côte d'Angleterre, présentait le plus grand attrait, mais aussi offrait à un marin les plus sérieuses difficultés qu'il pût rencontrer.

Il s'agissait, au moment de la descente du hareng par le nord de l'Europe, d'empêcher nos pêcheurs d'acheter ce poisson aux Anglais, et de les contraindre à bénéficier eux-mêmes de la pêche, sans payer à nos voisins un impôt indirect.

Qu'on s'imagine par les nuits les plus sombres le petit cotre *le Mutin* louvoyant au milieu d'une quantité innombrable de navires, se glissant, se faufilant pour ainsi dire entre deux ou trois cents voiles, allant du golfe d'Édimbourg à l'embouchure de la Tamise, toujours naviguant, toujours surveillant. Il était mené par un chef infatigable, qui, habillé en matelot, les pieds presque toujours dans l'eau, trouvait à peine le temps de prendre du repos.

Le lieutenant de vaisseau Pothuau ne rentra à Cherbourg qu'à la fin de l'hiver.

L'année suivante, il retourna en Islande, et il y fut envoyé, malgré son grade, en qualité de commandant de la station.

Cette campagne ne fut pas, ainsi que la première, favorisée par la température. Les mauvais temps succédèrent aux mauvais temps, les coups de vent aux coups de vent, et cela depuis le commencement jusqu'à la fin. La grosse mer, surtout, était très fatigante pour un bâtiment d'un aussi faible tonnage (90 tonneaux). Sans la précaution de son commandant qui eut soin de faire monter la barre de rechange sur le pont, pendant un gros temps, en vue des îles

Féroë, il eût infailliblement péri. En effet, la barre qui était en place s'étant cassée dans un violent effort du gouvernail put être immédiatement remplacée, avant que le cotre ne vînt en travers et ne fût exposé à être submergé par un coup de mer.

L'hiver fut des plus rudes.

Pris par les glaces pendant trois jours, en essayant de passer par le Nord pour se rendre de la côte Ouest à la côte Est, le lieutenant Pothuau eut les plus grandes difficultés à faire sortir son cotre de la banquise dans laquelle il s'était peut-être un peu imprudemment avancé.

Mais il ne se laissa pas plus décourager par les glaces que par la tempête ; après avoir habilement manœuvré, en faisant gouverner lui-même, du haut de la mâture, pendant des heures entières, il parvint à se dégager. Si la brume avait duré deux heures de plus, c'en était fait du pauvre *Mutin*, qui se serait brisé contre la banquise et aurait eu le sort du brick *la Lilloise*, commandé par l'infortuné Blosseville, qui, en 1832, ayant voulu tenter ce passage dans les mêmes circonstances, a disparu sans que depuis on en ait entendu parler.

A la fin de cette seconde campagne, il reçut les témoignages les plus flatteurs du ministre de la marine, l'amiral Desfossés, alors contre-amiral. Celui-ci le félicita hautement de la manière dont il avait rempli sa mission durant les deux années qui venaient de s'écouler.

Le ministre ne s'en tint pas là.

Heureux de récompenser chez un de ses plus jeunes officiers de si bons services, une si excellente conduite, il promut le lieutenant de vaisseau Pothuau au grade supérieur de capitaine de frégate, au mois de décembre 1850.

On voit comment se dessine peu à peu cette brillante carrière. L'intérêt qui s'attache à ce qu'on pourrait appeler le développement d'un homme, va grandissant à mesure que cet homme grandit.

Et du récit de ses luttes et des promotions

dont il fut l'objet, ressort cette vérité que nous avons prétendu démontrer par un exemple : avec de la bonne volonté et du travail, on arrive toujours.

CHAPITRE IV

SOMMAIRE

Participation active aux travaux de la Commission chargée de réglementer les détails du service à bord. — Embarquement sur le vaisseau *la Ville-de-Paris* dans l'escadre de la Méditerranée. — Le capitaine de frégate Pothuau est nommé officier de la Légion d'honneur. — Commandement du *Caton*. — La guerre de Crimée (1854). — Déséchouage du *Friedland*. — Bombardement d'Odessa. — Siège de Sébastopol. — Une bombe russe dans un magasin d'obus. — Trait de courage et de sang-froid. — Fin du siège. — Le commandant Pothuau pénètre le premier dans Sébastopol abandonné. — Quel spectacle s'offre à sa vue. — Nomination au grade de capitaine de vaisseau (1855).

Le ministre de la marine ne se contenta pas de témoignages de satisfaction. Se souvenant que le nouveau capitaine de frégate avait participé, en qualité de rapporteur, au travail de revision de l'ordonnance de 1827 préparé à Cherbourg, il le nomma membre de la Commission chargée à Paris de faire le travail définitif en se servant des éléments fournis par les ports.

Le commandant Pothuau s'acquitta de sa tâche avec son habileté habituelle. Dans la Commission, qui était présidée par le vice-amiral de La Susse, ce fut lui qu'on chargea de coordonner et de préparer le second volume qui accompagne le décret du 15 août 1851 et qui renferme tous les détails du service à bord. Le zèle et l'intelligence avec lesquels ce travail se fit furent de nouveau signalés au ministre, et le conseil d'amirauté se plut à reconnaître quels services lui avaient été rendus par cette participation à une œuvre si utile et qui a si grandement contribué à l'uniformité du service dans la marine.

Cette longue et difficile besogne était à peine achevée, lorsque le jeune officier fut de nouveau choisi comme second par le capitaine de vaisseau Edouard Pénaud qui allait servir en qualité de capitaine de pavillon de M. de La Susse, sur le vaisseau *la Ville-de-Paris* dans l'escadre de la Méditerranée.

L'escadre, à cette époque, était restée ce qu'elle a presque toujours été, c'est-à-dire une excellente école. A la mer, hiver comme été, M. de La Susse la conduisait avec une grande hardiesse, maintenant à bord des bâtiments la discipline la plus stricte.

On citait alors parmi les bâtiments de l'escadre de la Méditerranée le vaisseau amiral à trois ponts *la Ville-de-Paris*, comme se faisant remarquer plus particulièrement par la bonne tenue de son équipage.

Pendant la durée de son service de second, le capitaine de frégate Pothuau sut se distinguer encore et reçut la croix d'officier de Légion d'honneur.

Bientôt après, il quitta le vaisseau amiral pour prendre le commandement de la corvette à vapeur *le Caton* qui accompagnait l'escadre en qualité d'aviso; il était à peine investi de ce nouveau poste lorsque éclata la guerre de Crimée.

Nous n'avons point à rappeler ici les causes de cette expédition dans laquelle l'armée française fit preuve de tant de courage et se couvrit de gloire. L'héroïsme de nos combattants fut au-dessus de tout éloge. Ils prouvèrent, les vaillants, qu'ils étaient capables non seulement de braver la mitraille et de marcher à l'assaut, mais encore de résister avec une patience à toute épreuve et une volonté indomptable aux privations, à la faim, au froid et à la maladie. Admirable valeur, qui prouve ce qu'on peut attendre de nos soldats, mais qui, hélas! en Crimée, n'eut d'autre résultat que de faire taire pour peu d'années les prétentions de la Russie.

Nos braves n'avaient point à se préoccuper du résultat de l'entreprise; ils savaient qu'il fallait se battre et vaincre; ils se battirent bien et remportèrent la victoire.

La navigation dans les Dardanelles, la mer de
Marmara et dans le Bosphore offrait de sérieuses difficultés, à cause de la violence des
courants, de la profondeur de l'eau et du
grand nombre de navires qui se croisaient en tous
sens. Une nuit, dans la mer de Marmara, le
Caton fut abordé par un navire de commerce
anglais qui, l'atteignant un peu en arrière du
travers à tribord, lui brisa tout le pavois de bas-
tingage, la passerelle et les embarcations de
porte-manteaux et faillit le couler. Le commandant Pothuau venait de se coucher, lorsque le
chef de timonnerie arriva, tout effaré, lui an-
noncer l'imminence de l'événement. Au même
moment, avait lieu un choc terrible qui pouvait
faire craindre la plus fâcheuse issue. Il monta
précipitamment sur le pont, prenant à peine
le temps de se vêtir et, là, il assista à un émouvant spectacle. Les deux bâtiments étaient
accrochés l'un à l'autre, l'anglais ayant laissé
tomber, par l'effet du choc, son ancre de babord
sur le passavant où elle avait littéralement

écrasé un pauvre matelot congédié, qui était destiné à rentrer en France. Les cris de « Nous coulons » se faisaient entendre de toutes parts et pouvaient faire craindre une panique. Le capitaine anglais gesticulait comme un homme qui a perdu la tête et assurait que lui aussi coulait, et que c'était d'autant plus triste qu'il avait pour plus de deux millions de marchandises à bord. Le commandant Pothuau lui répondit qu'il allait lui envoyer du secours, et que si, en effet, l'eau envahissait la cale, il aurait toujours le temps de le prendre à la remorque et de l'échouer à la côte la plus voisine. En même temps, il envoya à bord de l'anglais une vingtaine d'hommes, sous la conduite d'un officier, et prescrivit partout le silence le plus profond, afin que les ordres fussent entendus et que l'on pût bien se rendre compte des conséquences de l'abordage. Tout cela fut ponctuellement exécuté et, grâce à la prompte exécution des ordres donnés, on arriva à se convaincre que le dommage n'était pas aussi considérable qu'on l'avait d'abord supposé, et qu'aucun des deux bâtiments ne coulait. Mais sans le secours donné si heureusement au paquebot anglais, il est vraisemblable que les avaries n'auraient pu être réparées à temps et qu'il eût sombré sur place.

Le rôle du capitaine de frégate Pothuau durant cette campagne mérite d'être signalé particulièrement.

Au début des opérations dans la mer Noire, il prêta, à l'aide du *Caton,* un concours dévoué au déséchouage du vaisseau le *Friedland* qui s'était jeté à l'entrée des Dardanelles, sur les récifs situés au nord de l'île aux Lapins, distante de quatre milles de Besika. Aussitôt que le sinistre fut signalé, il appareilla pour se rendre sur le lieu de l'échouage. La nuit commençait à se faire ; malgré ses observations au pilote sur ce que l'on doublait de trop près les récifs qui s'étendent au nord-est de l'île, celui-ci donnant l'assurance qu'il n'y avait rien à craindre, la route fut continuée quelques instants encore ;

mais au moment où l'on manœuvrait pour s'écarter, le *Caton* s'échoua sur les roches, en travers à la lame et au courant. L'amiral Hamelin le voyant dans cette position critique le crut perdu ; mais, pendant la nuit, on fit un tel travail pour élonger des ancres et alléger le bâtiment, que le matin, à la pointe du jour, il était renfloué comme par miracle. Aussi l'étonnement fut-il grand sur le vaisseau amiral de voir le *Caton*, que l'on croyait perdu, sous vapeur et à proximité du *Friedland*, prêt à lui donner assistance. Cette manœuvre fit beaucoup d'honneur au capitaine de frégate Pothuau, à cause du sang-froid et de l'activité qu'il lui fallut déployer pour tirer son bâtiment d'un aussi grand péril.

L'amiral Desfossés, chargé de cette opération difficile, se loua hautement dans son rapport du concours que lui prêta le commandant du *Caton*.

Celui-ci, toujours prêt, ne reculant devant aucune corvée, prit part ensuite à tous les mouvements de l'escadre dirigée par le vice-amiral Hamelin et qui agissait de concert avec le vice-amiral Dundas, commandant l'escadre britannique.

Au bombardement d'Odessa, le *Caton* fut du nombre des bâtiments chargés d'incendier le port militaire, et il s'acquitta de sa tâche avec tant d'honneur et de bravoure, que le ministre, d'après le rapport officiel du commandant en chef, le félicita en ces termes :

« Vous, vos officiers et votre équipage, Monsieur le commandant, vous avez, en cette circonstance, noblement soutenu l'honneur du pavillon de la France, et montré une fois de plus la force et la générosité de nos armes.

« L'empereur est fier de sa marine et satisfait de vos rapports; cette assurance, j'ai tenu à en consigner ici l'expression, afin d'en laisser entre vos mains un vivant souvenir. »

L'éloge était mérité.

A la suite du bombardement d'Odessa, le commandant Pothuau fut chargé de reconnaître le point de débarquement en Crimée des armées alliées et de déterminer le mouillage des trois flottes. Il remplit cette mission avec autant de promptitude que d'intelligence.

Suivant de près le mouvement des armées au fur et à mesure qu'elles s'avançaient, il se tint constamment sur la côte, toujours en position de leur prêter assistance, depuis l'Alma jusque dans la baie de Stréleska devant Sébastopol.

Les Russes, s'imaginant d'abord n'avoir à combattre que contre des flottes, avaient concentré tout l'art de la défense dans les fortifications des ports; une fois les armées alliées débarquées, ils protégèrent en toute hâte la ville par des travaux de terrassement considérables.

Mais le débarquement de notre matériel de siège se fit aussitôt, et à nos troupes de terre campées devant Sébastopol se joignirent mille marins commandés par l'amiral Rigault de Genouilly et apportant avec eux trente bouches à feu.

Le siège d'art commencé, le capitaine de frégate Pothuau obtint, sur ses pressantes sollicitations, de se joindre à ce régiment de matelots et d'aller servir aux batteries armées de canons de marine.

On connaît le concours dévoué et efficace que ces canonniers donnèrent à leurs frères d'armes ; personne n'a oublié leur dévouement et leur courage. Les généraux Canrobert et Pélissier les félicitèrent à maintes reprises dans leurs ordres du jour.

Et ici il nous faut mettre en lumière l'activité incessante dont fit preuve le commandant du *Caton*.

Vingt fois on eut à signaler ses actes de courage. Si la croisière du *Caton* avait été brillante, si le commandant Pothuau avait déjà bien mérité de ses chefs et de la patrie, il sut trouver l'occasion de se distinguer davantage encore.

Que si le feu des batteries qu'il dirigeait se taisait un moment, il réclamait l'honneur d'aller porter des ordres sous la pluie de fer de l'ennemi. Pendant la durée du siège, un grand nombre d'hommes furent tués ou blessés à ses côtés, tandis que désireux de verser son sang pour la France, il courait de gaieté de cœur remplir les missions les plus périlleuses.

A la tranchée tous les deux jours pour y faire son service d'artilleur, il allait, à ses moments perdus, examiner les positions ennemies, soit avec ses camarades, soit avec les officiers anglais de l'état-major, entre autres le général Rose qui s'est depuis d'une si brillante manière illustré dans l'Inde, et qui a été créé feld-maréchal avec le titre de lord Stathnairn.

Il fréquentait aussi le colonel anglais Claremont, d'origine française, qui, depuis, est devenu général et que l'on a connu attaché militaire à l'ambassade de Paris. Ses relations avec l'armée anglaise et les marins anglais étaient empreintes des meilleurs sentiments de cordialité. On peut affirmer que pendant cette guerre de Crimée, il n'a pas cessé de régner un seul instant entre les armées des deux nations une entente parfaite qui n'a pas peu contribué au succès des opérations militaires.

Les généraux en chef ont donné l'exemple de cette bonne confraternité d'armes. Lord Raglan, qui commandait les Anglais, était un parfait gentilhomme; il faisait partie de l'état-major du duc de Wellington à la bataille de Waterloo où il avait perdu un bras. Son humeur était toujours bienveillante, et le fond de son caractère tenace. Il n'a jamais désespéré du succès que devait assurer à l'entreprise la seule continuation du siège. Telle était du reste l'opinion du maréchal Pélissier; et c'est par une indomptable persévérance que nous avons fini par l'emporter sur nos redoutables adversaires.

Le capitaine de frégate Pothuau se plaisait à rendre justice à nos alliés qui, en toutes circonstances, se montraient de fiers combattants sur lesquels on pouvait compter. Notre part de gloire dans cette campagne a été assez grande pour que nous ne leur marchandions pas la leur, acquise au prix de si héroïques efforts et de tant de sang versé.

Vers la fin du siège, il avait fait la connaissance du chef de l'armée sarde, le général de la Marmora, officier des plus distingués, qui sut faire prendre à ses troupes une si brillante attitude, le jour du combat de Trachtir. C'est même en se rendant à son quartier général, un matin, peu de temps après la prise de la place, que le commandant Pothuau fut blessé à la jambe d'un coup de pied de cheval. Si ce fâcheux contretemps eût eu lieu plus tôt, il ne se serait jamais consolé de n'avoir pu participer aux dernières opérations du siège.

Montant à cheval, vivant avec ses compagnons d'armes sous la tente, actif, énergique, jouissant d'une santé robuste, supportant toutes les fatigues, ne se décourageant jamais, il assista, soit comme combattant, soit comme amateur, à toutes les actions de ce siège mémorable.

Un jour qu'il allait porter un ordre en rase campagne, sous un feu formidable d'artillerie, une bombe ennemie tomba dans la tranchée à côté d'un de nos magasins à obus dans lequel pénétra un éclat de la bombe. La fumée qui sortit alors de ce magasin donna à penser qu'une explosion formidable était imminente. Déjà, ne songeant qu'à leur salut, et croyant qu'il n'y avait plus rien à faire, les soldats s'éloignaient au plus vite dans toutes les directions.

Le commandant Pothuau, lui, accourut au pied du bâtiment menacé. Faisant revenir sur ses pas le gardien de la soute qui était venu le prévenir, il tint à s'assurer lui-même qu'il n'y avait pas possibilité d'arrêter les progrès du feu.

Aidé d'un jeune volontaire du nom de de Leusse, il parvint à dégager complètement la soute et à retirer l'éclat de la bombe. Cette bombe contenant de la roche à feu allait certainement communiquer l'incendie et faire sauter le magasin.

« Sans toi, lui disait alors un de ses camarades, le lieutenant de vaisseau Bon de Lignin qui fut tué depuis à cette même batterie, si tu n'avais pas été là, personne ne se fût avisé de se présenter devant cette soute. Tout sautait. »

Cet acte de courage et de sang-froid méritait à coup sûr la mise à l'ordre du jour de l'armée.

On ne s'expliqua pas l'oubli de l'amiral Rigault de Genouilly.

Lorsque approcha le dénouement de ce grand drame militaire, lorsque la forteresse fut sur le point de succomber, le brave officier était de service aux batteries pendant la canonnade qui précéda la prise de Malakoff. Il y resta toute la journée.

Le vent violent qui s'était élevé dans le jour, s'apaisa dans la soirée ; il tomba complètement quand vint la nuit, une nuit noire, mais très calme.

Malakoff était, il est vrai, en notre possession, on sait aux prix de quels sanglants efforts; mais la ville elle-même restait encore au pouvoir de l'ennemi, de sorte que dans les batteries on réparait à la hâte les avaries et l'on se préparait à recommencer le feu avec énergie à la pointe du jour.

De son côté l'ennemi ne cessait, malgré l'obscurité, de tirer vigoureusement et de façon à détourner notre attention, sur nos batteries en réparation. Le feu se ralentit vers dix heures et demie. A ce moment même le jeune capitaine de frégate faillit être tué par une des dernières balles de l'ennemi qui lui passa près de la tête, juste au-dessus de l'oreille : son interlocuteur, un capitaine d'artillerie, le croyant atteint, lui cria : « Vous êtes blessé, commandant? » et s'approcha pour l'assister.

Enfin les batteries russes se turent tout à fait à onze heures du soir.

En se détournant alors, les combattants français purent voir un spectacle d'une beauté sinistre et saisissante. Du côté de Malakoff il se produisit d'abord une explosion si effroyable, que l'on put craindre un moment que l'ouvrage lui-même, occupé par nos troupes, venait de sauter.

Mais les spectateurs furent bientôt rassurés :

tout le long de la ligne ennemie se succédèrent en effet, d'instant en instant, des explosions semblables qui éclairaient tantôt un point, tantôt un autre, allumant dans l'ombre les rouges lueurs de l'incendie.

A n'en pas douter l'ennemi, décidé à se retirer, faisait sauter ses magasins les uns après les autres.

Un peu après les incendies s'allumèrent également dans la ville, mais ils ne brillaient que d'un éclat passager, car, résultat de notre bombardement, la flamme n'avait pour ainsi dire plus d'aliment et ne léchait que des décombres.

Cet achèvement du désastre indiquait nettement de la part de l'ennemi la pensée de se retirer par le pont de bateaux qui permettait de communiquer d'une rive à l'autre du port dans l'intérieur de Sébastopol.

Le commandant Pothuau fit immédiatement prévenir de ce fait l'amiral Rigault de Genouilly.

Ensuite, faisant interrompre les travaux de réparation auxquels étaient employés ses hommes dans les batteries, il donna l'ordre de tirer à toute volée avec toutes les pièces disponibles dans la direction supposée de ce pont de bateaux, afin d'inquiéter la retraite des Russes.

Ceux-ci, qui ne songeaient plus désormais qu'à se mettre à l'abri, ne ripostèrent pas.

Dès le matin, aussitôt qu'on put distinguer sa route, à la petite pointe du jour, le commandant Pothuau donna ordre dans toutes les batteries placées sous ses ordres de rester aux pièces jusqu'à son retour, puis accompagné d'un homme d'une grande valeur et dans lequel il avait toute confiance, le maître armurier Gervais, et d'un chef de pièce, il s'achemina vers les positions abandonnées par l'ennemi, franchit rapidement le bastion du Mat, et s'avança d'un pas délibéré dans l'intérieur de la ville.

Ce fut lui qui de la sorte pénétra le premier dans Sébastopol. Il ne s'y trouvait plus un seul Russe. Longtemps il marcha à travers les décombres, au milieu de la fumée qui s'élevait de terre au-dessus des débris des maisons, franchissant d'instant en instant un cadavre abandonné au milieu de l'affreux assemblage des flammes et des décombres.

Parvenu à l'extrémité de la ville, le commandant se trouva en présence d'un spectacle plus émouvant encore.

Il s'arrêta au haut de la rampe Wozonzoff; le pont de bateaux était disjoint; les derniers vaisseaux, mouillés la veille encore dans la rade, ne montraient plus au-dessus de l'eau que leur haute mâture; les bateaux à vapeur étaient échoués le long de la côte.

Et sur l'autre rive l'armée russe tout entière prosternée, au lever du jour, semblait prendre le Dieu des armées à témoin de son courage!

Tout était bien fini : la bataille avait achevé son œuvre de dévastation ; à la place d'une cité florissante, des ruines étaient amoncelées. Ce fut la guerre la plus importante du second empire. Quel en a été le résultat? — La question d'Orient n'est point encore résolue.

Mais ce n'est point la faute de notre brave armée, qui montra bien sa valeur en cette occasion.

Le commandant Pothuau, après s'être rendu exactement compte de la situation, envoya prévenir aussitôt l'amiral Rigault de Genouilly.

Après être resté quelque temps en contemplation devant le spectacle le plus grandiose qu'il puisse être possible à un homme de regarder, il revint aux batteries où ses marins, fidèles à la consigne, demeuraient sans broncher.

Il n'en était plus de même de la plupart des postes de l'armée française. La nouvelle de l'évacuation s'était rapidement répandue dans les camps; chefs et soldats, debout sur les tranchées, se rassasiaient à leur tour de la vue d'une conquête si chèrement achetée. Des chants et des acclamations retentissaient.

Dans la ville même des hommes de toutes armes se promenaient en désordre ; par bonheur il n'y avait pas à craindre un retour offensif de l'ennemi.

La conduite du capitaine de frégate Pothuau,

pendant la campagne, lui valut d'être proposé quatre fois pour le grade de capitaine de vaisseau ; cette nomination fut faite après la prise de la place. Il n'avait pas encore quarante ans.

Déjà sa bravoure était en quelque sorte légendaire dans la marine. Les matelots le nommaient quand ils parlaient d'un brave. C'est de la campagne de Crimée que date sa réputation d'homme de guerre.

CHAPITRE V

SOMMAIRE.

Retour en France. — Le capitaine de pavillon de la *Bretagne*. — Travaux de l'escadre de la Méditerranée. — Entrevue de souverains à Cherbourg (1858). — Le capitaine de vaisseau Pothuau est nommé commandeur de la Légion d'honneur (6 août). — Rôle de la marine pendant la guerre d'Italie. — Notre escadre devant le Maroc. — Mariage de M. Pothuau (octobre 1861). — Commandement d'une division navale de surveillance. — Croisière sur les côtes d'Italie. — Reprise du commandement dans la Méditerranée. — Travaux de cette mission. — Nomination au grade de contre-amiral (2 décembre 1864). — Major général au port de Cherbourg.

A son retour en France, le capitaine de vaisseau Pothuau fut chaleureusement reçu par le ministre de la marine, qui le désigna immédiatement pour prendre part aux travaux de différentes commissions.

En 1856 il faisait partie du conseil des travaux, et c'est là que le président de ce conseil, le vice-amiral Desfossés, le choisit pour en faire son capitaine de pavillon sur la *Bretagne*, dans l'escadre de la Méditerranée.

L'escadre fut composée de vaisseaux à vapeur dont la plupart étaient des vaisseaux rapides. Ils avaient été choisis à dessein pour constituer une sorte d'homogénéité qui permît les essais de la nouvelle tactique à vapeur. L'amiral Desfossés s'occupa principalement de cette étude pendant la majeure partie de son commandement. A cet effet il réunissait fréquemment tous ses commandants, et, assisté de son chef d'état-major, le contre-amiral Chopart, fort compétent en pareille matière, il faisait traiter devant lui les plus intéressantes questions de tactique afin de les mettre en pratique aussitôt qu'on prendrait la mer.

L'escadre ne fut distraite de ces travaux si

utiles que pour faire acte d'apparition à Cherbourg à l'occasion de l'entrevue de la reine Victoria avec l'empereur Napoléon III, entrevue qui eut lieu sur le vaisseau *la Bretagne*.

Un fait d'une importance capitale perpétuera le souvenir de cette entrevue de souverains. La reine d'Angleterre, après les compliments d'usage, annonça à Napoléon III que la première dépêche télégraphique transmise par le câble qui relie maintenant l'ancien monde au nouveau, venait de lui arriver par Londres.

Admirable conquête de la science appelée à faire plus pour la civilisation et le bonheur de l'humanité que toutes les victoires du monde!

Les fêtes qui eurent lieu en cette circonstance semblèrent alors de nature à resserrer davantage les liens d'amitié qui unissaient le peuple anglais au peuple français, depuis la campagne de Crimée.

Des récompenses furent décernées à la marine, et le capitaine de vaisseau Pothuau, dont les services militaires en Crimée n'avaient pas été oubliés et que le commandement important de la *Bretagne* mettait de nouveau en évidence, fut nommé commandeur de la Légion d'honneur le 6 août 1858.

Revenue dans la Méditerranée, l'escadre fut employée d'abord à transporter rapidement à Gênes une grande partie de l'armée d'Italie.

Plus tard elle fut renforcée de batteries flottantes et de canonnières qui constituèrent à l'amiral Desfossés une flotte importante destinée à opérer dans l'Adriatique. Malheureusement les préparatifs de ce surcroît d'armements furent ordonnés tardivement, et ils se firent même à Toulon avec une certaine lenteur par suite de l'incertitude dans laquelle on se trouvait au sujet du meilleur armement à donner aux canonnières.

De telle sorte que, quand l'amiral Desfossés se présenta dans l'Adriatique, les opérations de notre armée de terre étaient déjà presque terminées.

L'amiral s'empara sans coup férir de l'île de

Lossini, avec l'intention de s'en servir comme de point de ravitaillement, et il attendit là, avant de rien tenter contre Venise, l'arrivée de trois mille hommes de troupes qui lui étaient annoncés d'Algérie.

Ce petit corps, auquel devaient être adjointes les compagnies de débarquement de l'escadre, était placé sous le commandement supérieur du général de Wimpfen.

Le capitaine de vaisseau Pothuau commandait les marins.

Toutes les dispositions étaient prises par l'amiral pour faire un vigoureux bombardement des forts qui défendent le Lido, en même temps que pour opérer un débarquement vers Chioggia, lorsque la nouvelle inattendue de l'armistice de Villafranca vint interrompre le mouvement projeté sur Venise.

La marine regretta de n'avoir pas eu sa part dans cette rapide et glorieuse campagne d'Italie ; mais elle ne perdit pas de temps dans l'Adriatique, et nul doute que si la paix de Villafranca ne fut intervenue, elle n'eût ajouté une page honorable à son histoire.

Quelque temps après sa rentrée à Toulon, l'escadre fut envoyée à Gibraltar pour appuyer, par sa présence, l'expédition espagnole contre le Maroc que les Anglais voyaient d'un œil jaloux et défiant.

Notre escadre ne devait point intervenir dans le conflit, mais une circonstance imprévue lui donna l'occasion de montrer aux Marocains de quel côté se portaient les sympathies de la France.

Un de nos bâtiments étant en croisière sur la côte avait été, bien qu'il eût son pavillon, canonné sans motif par un des forts établis à l'entrée de la rivière de Tétouan.

A la nouvelle de cette provocation, l'amiral Desfossés sur la *Bretagne* quitta le mouillage d'Algésiras avec trois de ses bâtiments et vint réduire, par une canonnade de trois heures, les forts d'où étaient partis les coups de canon, ainsi que quelques batteries qui se trouvaient dans les environs sur la plage.

Lorsque fut terminée la campagne du Maroc si brillamment conduite par O'Donnell, l'escadre, dont la présence n'était plus nécessaire à Algésiras, rentra à Toulon, et le capitaine de vaisseau Pothuau, dont la période de commandement était expirée, obtint un congé.

Quelques mois après, M. de Chasseloup-Laubat, alors ministre de la marine, le nomma membre de diverses commissions et, en dernier lieu, du conseil d'amirauté, présidé par le vice-amiral Tréhouart.

Il se consacra avec son ardeur habituelle aux travaux du conseil.

M. Pothuau se maria à cette époque. Il épousa, au mois d'octobre 1861, mademoiselle Louise Malassis, dont le père appartenait à une honorable famille d'Alençon. Mademoiselle Malassis joignait à une réelle beauté une rare intelligence, un esprit distingué, de grandes connaissances, et toutes les qualités charmantes d'une femme du monde.

Le capitaine de vaisseau Pothuau faisait

partie du conseil depuis une année à peine lorsqu'il fut appelé au commandement de la division navale chargée de surveiller la pêche sur les côtes françaises de la Méditerranée et en Corse.

Au moment où il prenait ce commandement, ordre lui fut donné de Paris, de se rendre immédiatement à Civita-Vecchia avec plusieurs bâtiments, dont quelques-uns devaient l'y rejoindre, dans le but de protéger le territoire des États romains contre la tentative de débarquement que Garibaldi avait annoncé devoir y faire.

Pendant deux mois la division navale du capitaine de vaisseau Pothuau, composée de huit bâtiments à vapeur, fit une croisière des plus actives; on ne dormait guère à bord; nuit et jour on faisait bonne garde.

Il est probable que c'est grâce à cette activité et à cette surveillance de tous les instants que le général italien n'entreprit rien de ce côté. Il fut obligé à un grand détour qui finit pour lui par la défaite d'Aspromonte.

Ainsi le voulait la politique du second empire que nous n'avons pas à apprécier ici.

Le marin obéissait, comme c'était son devoir, aux ordres qui lui étaient donnés et s'acquittait de sa mission.

Il s'en acquitta si bien que le pape auquel il fut présenté, et le général de Montebello qui commandait à Rome, lui adressèrent des félicitations auxquelles se joignirent celles du ministre de la marine.

Il reprit ensuite son commandement des côtes de la Méditerranée et organisa le service de manière à obtenir tous les résultats qu'on pouvait en attendre.

Il ne s'agissait pas seulement de la pêche et de sa réglementation, quoique le sujet fut plein d'intérêt, puisqu'on tentait alors de repeupler des bancs d'huîtres et d'exploiter des fonds de coraux par des procédés nouveaux. Il fallait encore s'efforcer de reconnaître, de définir aussi clairement que possible, les griefs et les besoins de la population maritime dont le sort était malheureux et dont la situation donnait prise à de sévères critiques.

Enfin le commandant de cette division navale avait à étudier toutes les questions se rattachant aux divers ports de la côte, ainsi qu'au balisage et à l'éclairage du littoral.

Toutes ces questions furent successivement examinées et traitées avec le plus grand soin par le capitaine de vaisseau Pothuau, dans une série de rapports qu'il adressa à M. de Chasseloup-Laubat.

Cet intelligent et habile ministre lui sut bon gré de ses efforts et de son activité, et le lui témoigna dans plusieurs lettres de félicitations.

De fait, pendant la durée de son commandement un grand nombre de questions intéressantes, telles que celles des Madragues et des Bordigues, reçurent une solution. L'éclairage et le balisage de la côte prirent plus d'extension. Les conflits qui avaient lieu habituellement entre les pêcheurs étrangers et les nôtres cessèrent entièrement, et les dissentiments qui s'élevaient trop aisément entre nos pêcheurs français eux-mêmes s'apaisèrent aisément et ne se renouvelèrent plus. Il fut aidé dans l'accomplissement de sa tâche par le capitaine de frégate Pottier, qui avait déjà navigué avec lui dans les mers du Nord. La mort prématurée de cet officier a été une grande perte pour le service.

La manière dont le capitaine de vaisseau Pothuau avait rempli les différentes missions qui lui avaient été confiées, lui valut le grade de contre-amiral auquel il fut promu, le 2 décembre 1864.

A peine était-il investi de ce nouveau grade qu'on l'appela aux fonctions de major général du port de Cherbourg.

Il resta seize mois à ce poste avec le vice-amiral Dupouy, alors préfet maritime, dont il était l'ami et qui lui témoigna son affection et son estime en toute occasion.

De retour à Paris l'amiral Pothuau fut presque aussitôt, au mois d'avril 1867, envoyé à

Toulon pour y prendre le commandement d'une des divisions de l'escadre d'évolutions placée alors sous les ordres du vice-amiral de Gueydon.

Il arbora successivement son pavillon sur les frégates cuirassées *la Couronne* et *la Provence*, commandées par le capitaine de vaisseau du Quilio.

Après M. de Gueydon l'escadre passa sous le commandement du vice-amiral Jurien de la Gravière.

Composée de bâtiments cuirassés, elle parcourut à diverses reprises tout le littoral de la Méditerranée et se livra, particulièrement pendant l'été, à toutes les manœuvres prescrites par la tactique.

Les deux commandants en chef se louèrent vivement du concours dévoué que leur prêta le contre-amiral Pothuau.

Le vice-amiral Jurien de la Gravière surtout, dont la rare habileté comme manœuvrier a laissé les meilleurs souvenirs chez tous ceux qui ont eu la bonne fortune de servir sous ses ordres, M. de la Gravière ne crut pas pouvoir moins faire que de le proposer une première fois pour la croix de grand officier la Légion d'honneur, et en second lieu pour le grade de vice-amiral, en accompagnant ces propositions des expressions les plus flatteuses.

Aussi, à l'expiration de ces deux années de commandement, le ministre de la marine, l'amiral Rigault de Genouilly, n'hésita-t-il pas à nommer le contre-amiral Pothuau membre du conseil de l'amirauté.

C'était la seconde fois qu'il faisait partie de ce conseil supérieur, dont l'institution a été si utile à la marine.

Ainsi furent franchis un à un tous les échelons de la hiérarchie. C'est de la sorte qu'on s'élève.

Nous nous étions donné la tâche, disions-nous au début de ce livre, de montrer comment s'y prend un homme pour conquérir la renommée, quelles ont été ses luttes et de quelle façon il a pratiqué le devoir; il nous semble que dès maintenant la démonstration apparaît claire.

C'est par la constante et complète abnégation de soi-même, par le travail persévérant, par le désir de mieux agir après avoir bien agi ; c'est par la continuelle préoccupation de mériter l'intérêt et l'affection de ceux qui commandent, l'estime de ceux qui obéissent, qu'un soldat, qu'un marin devient à jamais illustre.

S'il n'est point permis à tous de s'élever jusqu'aux sommets, si l'intelligence n'est pas, il est vrai, également répartie parmi tous les êtres, du moins il est possible à chacun de pratiquer le devoir et de rendre d'effectifs services.

Il ne faut pour cela qu'une inébranlable volonté ; et c'est en fixant ses regards sur des hommes qui, comme l'amiral Pothuau, ont grandi grâce à leur énergie et à leur travail, que l'humanité deviendra meilleure.

Nous venons de dire quels faits glorieux remplissent ce que nous pourrions appeler la première partie de cette carrière ; nous trouverons dans la seconde partie des fait plus glorieux encore.

CHAPITRE VI

SOMMAIRE.

La guerre de Prusse. — Organisation de batteries flottantes. — Le siège de Paris (1870). — Le rôle de la marine. — Commandement des trois forts de Bicêtre, de Montrouge et d'Ivry. — Épisodes de la lutte. — Combats de Chevilly et de l'Hay. — L'amiral est nommé commandant d'une division de la troisième armée. — Le moulin Saquet. — Prise de la Gare-aux-Bœufs. — Enlèvement du Moulin de pierre. — Belle conduite des matelots, des mobiles et de la garde nationale. — Le contre-amiral Pothuau est nommé grand officier de la Légion d'honneur le 8 décembre 1870 et arrive au grade de vice-amiral, le 24 janvier 1871. — Comment on réprime une mutinerie. — Un portrait de l'amiral pendant le siège. — Reddition de Paris.

Le contre-amiral Pothuau se livrait à l'examen de toutes les grandes questions soumises au conseil d'amirauté, lorsque éclata soudain la guerre de 1870 contre la Prusse.

L'amiral Rigault de Genouilly songea aussitôt à utiliser les services de celui qu'il connaissait de longue date, qu'il avait eu sous ses ordres en Crimée au siège de Sébastopol, et qu'il appréciait à sa juste valeur.

Il donna un commandement important au contre-amiral Pothuau : celui des batteries flottantes que l'on devait réunir au port de Cherbourg et qui étaient destinées à combattre et à forcer la passe de la Jahde.

La lutte s'engagea, mais, hélas! on ne l'oubliera pas de sitôt, elle n'eut pas le résultat que l'on prévoyait en France. L'impéritie de l'empire avait préparé le désastre. On put dire avant Sedan que nous étions trop prêts : il fallut ensuite reconnaître que nous ne l'étions pas assez.

Après nos premiers désastres, il ne fut plus question de forcer la passe de la Jahde et de prendre l'offensive; ce ne fut point trop de réunir toutes nos forces et toutes nos ressources pour défendre le territoire envahi.

Sur mer, on ne songea plus qu'à faire un blocus serré des ports allemands ; tout ce qui n'était pas nécessaire à ce service fut destiné à concourir, avec l'armée de terre, à la défense du sol.

L'ennemi s'avançait à marches forcées sur Paris à peine fortifié ; il n'y avait point de temps à perdre.

L'amiral Rigault eut l'heureuse inspiration de proposer l'aide de notre matériel naval, pour protéger la capitale. Il apporta à l'exécution de cette utile mesure une remarquable activité.

En peu de jours, nos gros canons et nos canonniers de marine, nos matelots et leurs officiers, se trouvèrent transportés à Paris.

Tout était à installer dans nos principaux forts ; on avait cru qu'ils ne joueraient aucun rôle dans l'effroyable drame de la guerre ; il fallut pour les mettre à temps en état de défense, une vigueur surhumaine. Nuit et jour, nos marins, transformés en terrassiers, travaillèrent avec une ardeur sans pareille, et lorsque les premiers uhlans furent signalés à quelques lieues de la ville, les forts et l'enceinte présentaient des fronts hérissés de canons de gros calibre.

L'entrain des matelots, leur vaillante allure, inspirèrent aussitôt confiance à la population parisienne si vaillante elle-même ; on pensa qu'avec leur aide, nous repousserions l'envahisseur.

Le département de la marine ayant donc abandonné le projet d'attaquer la côte allemande dans la mer du Nord, chacun prit part à la défense du sol menacé ; les canons de nos vaisseaux et de nos ports étant amenés à Paris, le contre-amiral Pothuau reçut le commandement supérieur des trois forts de Bicêtre, de Montrouge et d'Ivry, qui avaient été confiés, le premier au capitaine de frégate Fournier, les deux autres aux capitaines de vaisseau Amet et Krantz. Le vice-amiral de La Roncière, dont le quartier général fut placé au ministère de la marine, reçut le commandement en chef des forts du nord et du sud.

Pendant les deux premiers mois du siège, le commandant supérieur établit son quartier général au fort de Bicêtre, qui était le point central de son commandement. C'est de là que nous allons le suivre, dirigeant les mouvements des troupes à lui confiées, luttant pied à pied contre l'ennemi et méritant, grâce à sa bravoure, à son sang-froid, à son habileté, l'estime et l'admiration de Paris assiégé (1).

Nous ne pouvons reproduire ici le journal des événements militaires qui ont eu lieu au fort de Bicêtre, ou en vue de cet ouvrage, à partir du 19 septembre 1870, date du commandement de l'amiral Pothuau.

Il nous suffira de dire en quelques lignes l'activité et le courage qu'il déploya.

L'ennemi était apparu depuis plusieurs jours

(1) L'état-major de l'amiral Pothuau pendant le siège était composé de la manière suivante : MM. Besaucèle, chef d'escadron d'état-major, chef d'état-major; Brown, lieutenant de vaisseau, officier d'ordonnance ; Benoît d'Azy, ancien officier de marine, officier d'ordonnance; Schnaiter, lieutenant d'état-major, officier d'ordonnance; de Beaussire Seyssel, faisant fonctions d'officier d'ordonnance; Agniel, lieutenant de cavalerie.

aux environs de Paris. Aussitôt commença autour des forts du sud une série d'engagements dans lesquels nos soldats se conduisirent avec une constante bravoure.

Dès le 19 septembre, les forts de Bicêtre, d'Ivry et de Montrouge, placés sous le commandement de l'amiral, eurent pour mission d'appuyer les mouvements de nos troupes. Ils s'acquittèrent vaillamment de cette tâche.

Les attaques principales eurent lieu au moulin Saquet, à Vitry, aux Hautes-Bruyères, à Choisy, à Villejuif, à Bagneux, à Fontenay, à Châtillon, à Bourg-la-Reine.

A cette époque, les forts reçurent, à diverses reprises, la visite du général Vinoy, du gouverneur de Paris, de M. Gambetta, ministre de l'intérieur, et chacun se plût à reconnaître la bonne attitude des défenseurs de Paris, l'habile direction des travaux et leur parfaite exécution.

Depuis le commencement du siège jusqu'à la fin, jamais la vigilance de l'amiral ne fut en défaut. Nuit et jour, nos boulets et nos obus inquiétaient les travaux et les marches de l'ennemi. Les précautions de surveillance les plus minutieuses ne cessèrent d'être prises.

La nuit, la lumière électrique était pointée d'avance sur les routes principales de manière à les éclairer subitement en cas d'attaque, et les pièces d'artillerie placées sur les courtines, entre les bastions, se tenaient prêtes à faire feu au premier signal.

Presque journellement on faisait d'audacieuses reconnaissances dans lesquelles maintes fois les nôtres remportèrent d'importants avantages.

Du matin au soir, nos obus dérangeaient les travailleurs prussiens et les forçaient à déloger.

L'amiral se rendait tantôt sur un point, tantôt sur un autre, surveillant les redoutes, les embrasures et les abris, communiquant à chacun l'énergie et la confiance, faisant détruire les maisons et les parcs qui pouvaient nuire au tir, s'exposant au feu de l'ennemi, animant de son courage les défenseurs de Paris.

Le 29 septembre, une attaque fut décidée pour le lendemain sur les villages de Chevilly, l'Hay et Choisy. Elle devait être effectuée par tout le treizième corps, et avait pour but de s'emparer de ces villages et d'y détruire les ouvrages ennemis devenus très importants et très menaçants.

Pendant la nuit, les troupes de la division Blanchard vinrent prendre position à Villejuif et aux environs, et à quatre heures du matin le général Vinoy arriva de Montrouge à Villejuif où il trouva le général de Maud'huy.

A cinq heures et demie, dès qu'on put viser, les forts d'Ivry et de Montrouge tirèrent comme ils en avaient reçu l'ordre, le premier sur Choisy, le second sur l'Hay. Cette canonnade dura une demi-heure. Aussitôt après les troupes se mirent en mouvement ; après deux heures de combat, elles s'emparèrent de la plus grande partie du village de Chevilly.

Le village de l'Hay, attaqué vigoureusement par le général Guilhem, qui fut mortellement frappé, allait également tomber en notre pouvoir, lorsque sonna la retraite. Terribles furent les conséquences de cette inexplicable décision !

Les ennemis rentrèrent en forces dans les villages et firent sur les nôtres un feu d'artillerie et de mousqueterie des plus meurtriers. Nos soldats furent admirables sous cette pluie de feu. L'amiral Pothuau, grâce au feu des forts de Bicêtre et de Montrouge, parvint à protéger la retraite qui s'opéra comme sur un champ de manœuvres.

Plusieurs prisonniers prussiens furent amenés au fort de Bicêtre ; ils déclarèrent appartenir au corps du général Vogel de Falkenstein, être arrivés depuis peu de jours à Chevilly et avoir été prévenus qu'une attaque contre eux était imminente.

Le 6 novembre, le journal officiel annonça que l'amiral commandant supérieur des forts du sud aurait en outre le commandement d'une division de la troisième armée que l'on créait.

Cette division, la sixième, devait se composer

du 128me régiment formé des dépôts de l'ex-garde impériale, de trois bataillons de fusiliers marins et de quatre bataillons d'infanterie de marine, formant au total 5.000 hommes.

La division n'a jamais été au complet. La première brigade, le 128me est resté détaché d'abord à Saint-Denis, sous les ordres de l'amiral La Roncière le Noury; ensuite à Créteil, sous les ordres du général d'Hugues. Cependant l'amiral eut à un moment environ vingt mille hommes à commander, qui, ajoutés à la garnison des forts placés sous son autorité, ont fini par constituer un véritable corps d'armée.

La deuxième brigade n'a réuni que les bataillons de fusiliers marins et le bataillon d'infanterie de marine des forts du sud; le bataillon de fusiliers marins de l'est a été détaché à Saint-Denis; les trois bataillons d'infanterie de marine, du même côté, sont restés dans leurs forts ou au plateau d'Avron jusqu'à son évacuation. En outre, les opérations de la division, telle qu'elle était constituée, n'ont commencé en réalité que le 28 novembre, jour où l'amiral Pothuau reçut l'ordre de s'emparer de la Gare-aux-Bœufs, poste placé à 400 mètres de Choisy. La division Maud'huy devait, pendant ce temps, opérer sur l'Hay.

L'amiral passa la nuit avec tout son état-major au fort d'Ivry.

Outre les troupes que nous venons de nommer, il avait sous ses ordres quatre bataillons de mobiles, Marne, Indre, Puy-de-Dôme, et Somme, montant à un effectif de 4.100 hommes, commandés par le colonel Champion; enfin quatre bataillons de gardes nationaux mobilisés, les 106me, 116me, 127me et 17me, campés depuis la veille au petit Ivry et commandés par le colonel Roger du Nord. De cette époque date l'amitié qui unit l'amiral au comte Roger; celui-ci seconda son chef militaire avec un infatigable zèle, et donna comme lui jusqu'à la fin du siège, l'exemple de l'intrépidité.

La division avait pour mission, en dehors des opérations éventuelles, de garder en permanence la ligne avancée s'étendant de la Seine jusqu'au sommet du plateau de Villejuif devant l'ouvrage du moulin Saquet; elle se reliait là avec les troupes de la division Maud'huy.

Le 29 novembre l'amiral prit ses dispositions pour l'attaque de la Gare-aux-Bœufs.

A quatre heures du matin, les marins et l'infanterie de marine quittèrent le fort d'Ivry; ces divers bataillons rallièrent les compagnies qui gardaient les tranchées.

La garde nationale quittant ses campements, se plaça comme réserve à gauche et en arrière.

Deux compagnies de marins furent désignées pour marcher en avant et s'emparer de la gare; l'une marchait à gauche et l'autre à droite du chemin de fer. La première était conduite par M. Desprez, capitaine de frégate, chargé de diriger l'expédition; la seconde marchait sous les ordres de M. Gervais, lieutenant de vaisseau. Deux compagnies de garde nationale opéraient comme soutien.

A six heures et demie, avant le jour, les deux

compagnies de fusiliers marins partirent des tranchées en avant, accompagnées de trente hommes du génie portant des fascines.

Vingt minutes après le départ, malgré une vive fusillade partant de la gare de Choisy et des maisons qui bordaient la route à droite, le poste fut enlevé par nos braves matelots qui firent plusieurs prisonniers. Les autres soldats ennemis parvinrent à s'échapper.

On se fortifia immédiatement de manière à résister à un retour offensif.

Malheureusement l'amiral apprit quelques heures après que l'attaque de l'Hay avait échoué et que le mouvement tenté du côté de la Marne était ajourné à cause de la crue de la rivière.

Il fallut évacuer la Gare-aux-Bœufs; le mouvement de retraite s'opéra sans être inquiété; et l'expédition ne coûta que huit hommes blessés.

Le lendemain 30 novembre, toutes les troupes, sous le commandement de l'amiral Pothuau, furent de nouveau mises sur pied et rangées au même poste que la veille.

Une canonnade violente, entendue du côté de Champigny-sur-Marne, indiqua bientôt que l'attaque du général Ducrot commençait.

Le général Vinoy ordonna à l'amiral de reprendre la Gare-aux-Bœufs, d'enlever les maisons crénelées de la route de Choisy et de tâter ce village avec des éclaireurs.

Les deux mêmes compagnies de marins furent de nouveau chargées d'occuper la gare; deux compagnies d'infanterie de marine l'appuyèrent.

Le capitaine de vaisseau Salmon dirigeait le mouvement; le capitaine de frégate Desprez était toujours à la tête des marins.

A une heure de l'après-midi, nos hommes s'élancèrent, et, malgré un feu des plus violents et des mieux dirigés, réoccupèrent le poste sans coup férir et s'y retranchèrent immédiatement.

Le capitaine Desprez tint alors à honneur de conduire lui-même la reconnaissance ordonnée sur Choisy; à cent mètres du village il fut atteint mortellement d'une balle dans le bas-ventre.

Pendant ce temps le colonel Champion avec les mobiles de l'Indre franchissait la barricade de Vitry et, malgré les efforts de l'ennemi, enlevait les maisons crénelées de la route avec un entrain remarquable.

Les feux des batteries flottantes, des batteries de la Pépinière et du pont du chemin de fer, le feu du fort d'Ivry surtout, tinrent les Prussiens en respect et les empêchèrent de tenter tout retour offensif.

Vainement au moyen de ses batteries de Thiais et de ses fusillades partant du cimetière de Choisy il essaya de déloger nos troupes; celles-ci, de la sorte, maintinrent en face d'elles plus de six mille hommes, lesquels, s'ils avaient passé la Seine, auraient compromis la situation de notre armée opérant sur la rive gauche.

A la nuit cette diversion ayant obtenu l'effet qu'on en attendait, nous évacuâmes les points victorieusement occupés.

Nous avions eu de ce côté, pendant la journée, soixante-douze hommes frappés par les balles ou les obus, dix tués, soixante-deux blessés. Deux officiers du régiment de l'Indre, le lieutenant Boucheron et le sous-lieutenant Bernardeau moururent des suites de leurs blessures.

La mort du commandant Desprez fut la perte la plus cruelle; c'était un officier d'une admirable bravoure et d'une valeur exceptionnelle à tous égards.

On voit avec quel bonheur l'amiral Pothuau s'acquitta de la mission qui lui était confiée.

Il resta pendant ces deux journées presque constamment à cheval, à la tête de ses hommes, sur le chemin de fer de Choisy et entouré de son état-major afin de surveiller les mouvements de l'ennemi qui tirait fréquemment sur lui.

Pendant les jours qui suivirent, son activité ne se démentit pas un moment; on le voit partout, aux avant-postes, dans les tranchées, sur les remparts, toujours prêt à l'attaque, ne négligeant rien de ce qui peut assurer la défense à lui confiée.

En récompense de ses vaillants services il fut

élevé, par décret du 8 décembre, à la dignité de grand officier de la Légion d'honneur.

Jusqu'à la fin du siège l'amiral fit faire des reconnaissances de nuit et de jour, inquiétant l'ennemi sur tous les points, faisant créneler les maisons, ordonnant des coups de main souvent couronnés de succès.

Dans une de ces escarmouches hardies, le 9 janvier, trois cents marins commandés par le lieutenant de vaisseau Gervais, enveloppèrent et enlevèrent le Moulin de pierre, poste fortement retranché en avant du fort d'Issy et gardé par les Bavarois; ils ramenèrent vingt et un prisonniers.

Le 11 janvier la brigade Martenot, composée de trois bataillons de la garde mobile d'Ile-et-Vilaine et de quatre bataillons de la Côte-d'Or, s'élevant ensemble à un effectif de 5.800 hommes, fut mise sous les ordres de l'amiral Pothuau.

L'ennemi redoublait alors ses attaques qui, toutes, furent repoussées sur ce point de Paris.

Avec une vigilance de tous les instants, le commandant des forts du sud signale les mouvements de l'ennemi et entrave ses travaux de fortification.

Le 22 janvier, le commandant, dont l'inébranlable courage avait animé les défenseurs de la capitale placés sous ses ordres, l'amiral Pothuau, réunit dans le jardin de la mairie de Vitry tous les marins et les gardes mobiles qui n'étaient pas de service, et passa devant le front de ces troupes; puis, groupant au centre les officiers et les soldats décorés ou médaillés par un décret précédent, il leur remit les récompenses si bien gagnées.

Pendant le défilé qui suivit, chacun fut frappé de la fière attitude des matelots et des mobiles.

« Ah! ne put s'empêcher de s'écrier leur chef à la fin de la revue, avec de pareils soldats, grâce à l'expérience si chèrement acquise, vienne un retour de fortune et nous serons invincibles. »

La fortune, hélas! ne devait point cesser de nous être contraire.

Dans la soirée l'amiral reçut l'ordre du jour du général Vinoy qui prenait le commandement en chef de l'armée de Paris. Il fit communiquer cet ordre aux soldats.

Le lendemain il réunit les chefs de corps, leur annonça les modifications qui venaient de se produire dans le gouvernement et la tentative coupable et avortée de quelques hommes de désordre.

Il leur dit qu'il fallait se serrer autour d'un gouvernement représentant l'ordre et l'honneur national, et ne songer qu'à une chose : repousser l'ennemi.

Le 24 janvier, il fut promu au grade de vice-amiral.

Trois jours plus tard, le 27, tous les généraux chefs de corps et chefs d'état-major, furent convoqués à huit heures du matin chez le ministre de la guerre.

Le général Trochu leur exprima avec douleur la situation ; Paris n'avait plus que huit jours de vivres, notre armée était prisonnière de guerre.

Plus d'un retint avec peine ses larmes en entendant cet aveu navrant.

On sait le reste.

Les efforts héroïques de nos défenseurs avaient été impuissants. Du moins l'honneur était sauf et l'amiral fut un de ceux qui contribuèrent le plus à le sauver.

Toutes ses troupes en rentrant à Paris ne laissèrent après elles ni une arme ni un effet.

Quelques traits empruntés à sa correspondance compléteront le récit de la belle conduite de l'amiral pendant le siège. Il nous a été permis d'y constater que si jamais il ne mettait en lumière les services par lui rendus, en revanche il signalait à ses grands chefs toutes les louables actions accomplies par ceux qu'il dirigeait.

Tantôt il demande qu'on encourage la garde nationale, si désireuse de témoigner son dévouement; tantôt il signale la hardiesse de ses marins.

Ses devoirs de *divisionnaire*, ou plutôt de commandant de corps d'armée, ne lui permettaient plus guère de visiter que le fort de Montrouge. A ce sujet il écrivit au gouverneur de Paris :

« Nos marins sont admirables. J'espère que vous serez satisfait de leur conduite. Ils sont prêts à tout, et le seront jusqu'à la fin quoi qu'il arrive. Montrouge a sa caserne incendiée ; il tient à peine debout : des trous béants dans les murailles ; la cour bouleversée par les éclats de bombes ; partout l'image de la destruction. Mais cela ne décourage et ne *découragera personne*. Amet est là, avec son monde.

« Les travailleurs sont solides et ne bronchent pas sous le feu de l'ennemi, sous l'énorme profusion de gros projectiles qui tombent sur le fort. Les canonniers ont peine à suffire au service des pièces, mais ils ripostent comme il faut, ne se lassent point, ne se plaignent jamais. Nous combattons pied à pied pour défendre notre pauvre et malheureuse grande ville si inhumainement bombardée. Et l'Europe ne s'indigne point en face d'un pareil attentat !

« Je recommande mes braves à votre bienveillance.

« POTHUAU. »

« *Au gouverneur de Paris.*

« Vitry, le 17 janvier.

« Mes télégrammes d'hier vous ont renseigné sur l'action d'artillerie qu'a soutenue le fort de Montrouge. Cela a été une rude journée. Le capitaine de frégate Kiesel, blessé le matin, ne s'en relèvera pas, je le crains bien. Dans l'après-midi, au bastion, à côté de moi, quatre hommes tués et un blessé, dont un excellent second-maître et un quartier-maître. Enfin, dans la soirée, le fils de ce pauvre Saisset, que vous veniez de faire lieutenant de vaisseau et qui promettait beaucoup, a été frappé par un obus. C'est vraiment un brave fort que Montrouge. Les hommes sont admirables de sang-froid et de dévouement au milieu des feux croisés qui les déciment, et Amet leur donne un ferme exemple...

« Rien de nouveau devant moi ; mes lignes

sont bien gardées et *on ne les forcera pas.*

« Je n'ai qu'à me louer le plus généralement du service de la garde nationale et, quand le temps le permet, je fais exercer les gardes mobiles pleins de bonne volonté et auxquels il ne manque qu'une instruction complète pour m'inspirer toute confiance...

« Pothuau. »

« Vitry, 18 janvier.

« Hier un accident de bombe a occasionné les blessures les plus graves à deux de nos braves canonniers. L'un d'eux est mort ; le second ne survivra probablement pas, mais il montre une grande fermeté d'âme.

« Quant au quartier-maître Led'Hervé, faisant fonction de second-maître, je l'ai vu à l'œuvre à ce bastion n° 4 de Montrouge si fortement éprouvé.

« Une bombe tombant le long de l'épaulement a tué un second-maître, un quartier-maître et deux servants. Impossible de montrer plus de calme et d'impassibilité que n'en ont montré les autres combattants.

« On eut dit qu'il s'agissait de la chose la plus naturelle du monde ; les malheureuses victimes ont été enlevées en un instant et la riposte à l'ennemi ne s'est pas fait attendre.

« Je ne saurais trop vous faire l'éloge, Monsieur le Gouverneur, du moral que montre en ces circonstances le personnel, officiers et marins de ce brave fort. Il est certain qu'ils sont tous résolus à user leur dernier obus.

« J'ai l'honneur de vous adresser des propositions les concernant.

« L'envoi de mortiers me paraît être une bonne mesure.

« Sans parler de l'offensive, il est bon que partout où l'ennemi viendra à tâter le terrain il trouve comme nous disons en marine, vent debout.

« Pothuau. »

Ces lettres suffiraient à peindre l'amiral. Elles le montrent tel qu'il est, animé du plus ardent patriotisme, toujours prêt à payer de sa personne, ne parlant jamais de ses actes, mais ne cessant de signaler, de mettre en relief la conduite de ses officiers; modeste et résolu, décidé à mourir sans phrases, pensant qu'il est simple et naturel de faire le sacrifice de sa vie quand la patrie est en danger.

Homme d'action il ne se paye point de mots ; son style est empreint de la résolution qui l'anime.

C'est le style d'un marin ne craignant qu'une chose : ne pas assez bien agir pour la défense qui lui est confiée.

Trop rares ont été de semblables hommes.

On a vu comment du point où il était établi, ses soldats rayonnaient de toutes parts ; comment il poussa jusqu'aux extrêmes avant-postes ennemis les reconnaissances les plus hardies et les plus heureuses.

Son nom devint aussi populaire à Paris que l'était la réputation de bravoure des rudes marins qu'il commandait.

On sait comment il utilisa la garde nationale

à laquelle il s'est plu à rendre justice. Il avait inspiré confiance à tous.

Une anecdote montrera comment il entendait qu'on combattît.

Pendant un des engagements les plus chauds de la campagne, il voit faiblir un bataillon de gardes nationaux. On lui apprend que quelques meneurs prêchent la désobéissance envers leur colonel et qu'une reculade est imminente.

Aussitôt il se rend auprès de ces soldats hésitants :

« Vous n'êtes pas dignes, s'écria-t-il, d'occuper le poste d'honneur que je vous ai confié. Vous ne combattrez plus. Rentrez à Paris, partez. — Demi-tour à droite, pas gymnastique, marche ! »

Et il fit un geste si plein de colère et d'indignation, sa voix avait un tel accent de commandement que le bataillon tout entier obéit à cet ordre.

Mais, après deux ou trois cents pas, le bataillon s'arrête. Ses officiers reviennent vers le commandant en chef ; ils le supplient de ne les pas déshonorer.

« Soit, reprend l'amiral ; livrez-moi les mutins. »

On lui amena les plus coupables ; il les fit mener en prison. Le bataillon reprit sa place de combat et se conduisit de manière à faire oublier un moment de mutinerie.

Sauf cet incident, la garde nationale placée sous ses ordres se montra toujours digne de ses compagnons d'armes.

Quelle était l'opinion de l'amiral Pothuau sur l'issue du siège de Paris ? C'est une question qu'il faut se poser.

Comme la plupart des généraux expérimentés il ne croyait pas possible de percer les lignes prussiennes. Mais il pensait qu'en multipliant les attaques nous aurions, au prix de sacrifices cruels et utiles, infligé de grandes pertes à l'ennemi et que nous serions parvenus à l'ébranler dans ses positions autour de Paris.

Si après l'avoir inquiété sur un point, observait-il dans les conseils, on revenait le lendemain au même endroit avec les forces imposantes dont nous disposons, on pourrait le lasser tellement qu'il abandonnerait peut-être la partie.

Malheureusement le plan de M. Trochu n'était point celui-là.

Le commandant des forts du sud estimait que rompre le cercle d'investissement n'était praticable que dans le cas où nous eussions eu de l'autre côté une armée victorieuse faisant reculer l'ennemi devant elle.

Seulement il eut désiré des efforts plus vigoureux et des attaques plus nombreuses.

En résumé sa conduite fut au-dessus de tout éloge.

Ses troupes furent plus d'une fois mises à l'ordre du jour et le général Vinoy les félicita hautement. Ses forts, très bien commandés, étaient considérés comme des modèles d'ordre et de bon armement.

Les matelots se plaisaient à cette vie d'alerte

et de dangers continuels. Leur service était réglé comme à bord des bâtiments et leur rappelait l'existence à la mer durant les longues croisières.

On pouvait les considérer comme imprenables, chez eux l'ennemi trouvait toujours *vent debout*.

Leur tenue fut admirable et admirée ; le général Trochu en témoigna sa satisfaction en toute circonstance.

L'amiral et ses officiers vivaient sans cesse au milieu de leurs hommes, n'allant pour ainsi dire jamais à Paris, partageant les fatigues et les dangers, donnant l'exemple de l'abnégation et du dévouement.

Grâce à cette vaillance des chefs, ainsi que nous l'avons dit, gardes nationaux, mobilisés et mobiles se plièrent bientôt à la discipline la plus stricte ; ils demandaient, pleins d'entrain, à marcher à l'ennemi, à faire des reconnaissances. Ils se réjouissaient quand il était question de faire une attaque à fond.

Le service des tranchées était dirigé avec tant de soin, de vigilance, que jamais l'ennemi ne parvint à y pénétrer.

Pendant le bombardement, nous devons le rappeler, le fort qui eut le plus à souffrir fut celui de Montrouge qui fut littéralement criblé de projectiles et essuya d'effroyables pertes.

On passait les nuits à réparer le dommage occasionné pendant la journée ; du lever du soleil jusqu'au coucher, Montrouge reçut en moyenne, chaque jour, pendant plus de vingt-cinq jours, huit cents obus.

Son héroïque personnel, sous l'impulsion du brave commandant Amet, ripostait énergiquement, sans interruption, comme au polygone.

L'amiral Pothuau se plaisait, aussi souvent que cela lui était possible, à y aller passer quelques heures dans l'après-midi. Et quand il ne pouvait pas s'y rendre il s'y faisait remplacer par un de ses officiers d'ordonnance, le lieutenant de vaisseau Brown, qui lui rendait compte de ce qui avait eu lieu dans la journée.

Une distraction comme une autre : on trouvait moyen de rire sous la pluie de mitraille.

Un journal de Paris publia de lui à cette époque le portrait suivant :

« C'est une intelligence, un caractère et une situation aussi importante que méritée.

« L'amiral Pothuau commande en chef les trois forts de Montrouge, de Bicêtre et d'Ivry, véritable flotte canonnant les corsaires du vieux roi Guillaume.

« Il commande en outre la troisième division du 1ᵉʳ corps de la troisième armée.

« Il est donc à la fois général de division et amiral, officier de terre et de mer. Si je ne craignais d'être irrespectueux, je dirais un **chef amphibie**.

« Mais qu'il se trouve aux avant-postes ou sur le rempart, qu'il passe au galop de son cheval ou qu'il se tienne accoudé sur un canon, c'est toujours le même homme, la même tête et le même cœur.

« L'amiral Pothuau est jeune encore, actif,

vigoureux. C'est une nature nerveuse et vive, insouciante des fatigues comme du danger.

« Il est assez grand, sec et droit, bien posé.

« Sa figure est en même temps bienveillante et énergique, très expressive. Un vaste front avec des cheveux plats et noirs ; un grand coup de pinceau trempé dans de l'encre de chine.

« L'œil est grand et brun, un peu à fleur de tête ; un regard magnifique qui parle, interroge, écoute, commande.

« Des traits nerveux ; une bouche spirituelle et fine, un fréquent sourire qui n'est pas sans malice.

« Une barbe grisonnante et courte qui gâte cette figure de marin.

« On dirait autour des lèvres et du menton, comme une couche de givre gagnée dans quelque nuit de tranchée.

« C'est probablement la barbe du général de division qui pousse sur le visage de l'amiral.

« Une grande courtoisie. Une parole choisie, nette, agréablement familière. Mais de temps en temps un mot bref qui part comme un coup de sifflet ; l'habitude du commandement. Je ne sais quoi enfin qui se fait écouter, obéir.

« Un esprit orné, mais avant tout juste et droit, essentiellement pratique ; du savoir et un jugement sûr.

« L'amiral est de la Martinique et dans sa voix, dans ses manières, dans son sourire, le créole apparaît quelquefois, mais c'est un créole qui a couru les mers et guerroyé vingt ans.

« Deux contraires unis et confondus, la grâce du colon et la fermeté du marin, une tige de fer peinte en bambou.

« C'est sans doute à son origine créole que l'amiral doit cette douce affabilité et cet abandon charmant qui tempèrent si heureusement son énergique nature.

« Il a voyagé sous bien des latitudes, il a vu bien des climats, mais il se souvient de la Martinique.

« Si vous sortez avec lui, il vous fera les honneurs de ses tranchées et de ses bastions, comme un colon vous ferait les honneurs de ses plantations ; et si vous avez l'honneur de déjeuner à sa table, il mettra tant d'urbanité à vous offrir des pommes frites que vous vous demanderez si ce ne sont pas des truffes en serviette.

« C'est à croire, et je ne dis pas cela uniquement pour l'amiral, mais pour la plupart des officiers de marine, c'est à croire, dis-je, que le meilleur moyen de devenir un parfait homme du monde, n'est plus de fréquenter les salons, mais de courir les mers.

« Bien qu'il ne soit ni Breton ni Normand, M. Pothuau appartient à une famille de marins. Il est neveu de l'amiral Duperré, dont les voyages durent sans doute exciter et charmer sa jeune imagination ; aussi se prit-il, dès sa première jeunesse, d'un bel amour pour l'Océan.

« Il se mit à rêver des beaux navires, des expéditions lointaines, des combats généreux, et il se dit peut-être :

— Moi aussi, je serai amiral !

« Il l'est, et, comme complément de fortune, général de division.

« ...En fait d'escadres, je ne connais absolument que les régates parisiennes, et tous mes voyages au long cours n'ont jamais dépassé Joinville-le-Pont.

« Il me serait, par conséquent, difficile de porter un jugement militaire sur l'amiral, et un éloge venant de mon incompétence, ne saurait être qu'une flatterie banale qu'il répudierait justement.

« Mais, d'un autre côté, il serait trop long, sans doute, de répéter ici tout le bien que j'ai ouï dire du marin autant que de l'homme lui-même.

. . . .

« Après la campagne de Crimée il était connu, il était classé, et la marine française fonda sur cet officier des espérances qu'il a réalisées, qu'il réalisera encore.

. . . .

« Aujourd'hui il défend Paris, et ce qui est en

même temps un surcroît de responsabilité et d'honneur, on peut dire qu'il le défend doublement de son épée et de son canon. »

Il est impossible de mieux dessiner en quelques traits cette noble et sympathique figure, de mieux tracer en quelques lignes ce beau caractère.

Mais ce que ne dit point l'écrivain de talent, auteur de la page que nous venons de citer, c'est la surprenante bravoure de l'amiral pendant le siège.

Sans cesse il se plaçait au milieu des combattants des forts ; suivi de son état-major, il allait presque chaque matin sur les points les plus exposés au feu de l'ennemi, examiner avec sa lorgnette les positions prussiennes, servant de point de mire aux canons.

Les obus l'ont épargné par miracle, car son audace était téméraire.

Peut-être il y avait dans le cœur de ce vaillant une secrète désespérance qui lui faisait désirer de mourir

Les grandes âmes ressentent plus vivement que les autres les douleurs de la patrie.

Il devait vivre puisqu'il devait continuer à rendre à la France d'importants services.

CHAPITRE VII

SOMMAIRE.

L'amiral Pothuau député de Paris. — Il est nommé ministre de la marine par M. Thiers (février 1871). — La Commune. — Évacuation de Paris par le gouvernement régulier. — Second siège de Paris. — Rôle de la marine dans la répression de l'insurrection. — Le bombardement. — Les canonnières sur la Seine. —Épisodes de la lutte. — Rapport du commandant Trève au ministre de la marine à propos de l'intervention de M. Ducastel. — L'amiral Pothuau reprend possession de son ministère. — Une escorte formidable. — Le pavillon tricolore au pavillon du ministère de la marine (23 mai 1871). — Fin de la Commune. — Adieux du vice-amiral Pothuau aux troupes de l'armée de mer. — Souvenir d'une mise en accusation. — Par qui fut protégé le lieutenant Okolovicz.

Pendant cinq mois, la grande cité parisienne qui, d'après certains généraux prussiens, devait se rendre au bout de huit jours, pendant cinq mois, Paris résista à l'ennemi avec un héroïsme que l'histoire n'oubliera pas.

Loin de se laisser abattre par un bombardement criminel, odieux, la population se montrait de jour en jour plus aguerrie, plus résolue aux derniers sacrifices.

La résistance à outrance, tel était le cri du peuple armé ; les privations, la faim, les obus, la mitraille, tout cela n'était rien tant que subsistait l'espoir de vaincre, et cet espoir resta dans les cœurs jusqu'à la dernière heure.

Certes, les armées de province organisées à la hâte par le patriotisme de M. Gambetta et de ses dévoués auxiliaires, les Chanzy, les d'Aurelles de Paladines, les Jauréguiberry, les Faidherbe, les Jaurès, les Gougeard, firent brillamment leur devoir ; rassemblées en quelques semaines, composées d'éléments multiples, sans cadres réguliers, elles marchèrent vaillamment contre l'ennemi, lui disputèrent le terrain pied à pied et plus d'une fois remportant la victoire, firent hésiter la fortune.

Mais la résistance de Paris fut le fait saillant et l'un des plus glorieux événements de la guerre fatale de 1870.

Le chef militaire dont nous nous occupons fut un de ceux qui, jusqu'à la fin, ne se découragèrent pas, et les Parisiens reconnaissants n'oublièrent point sa conduite.

Le vice-amiral Pothuau eut l'insigne honneur d'être élu député de Paris par 139,280 voix, lorsque, après l'armistice de janvier 1871, fut nommée l'Assemblée nationale ayant mission de conclure la paix ou de poursuivre la guerre.

Son nom figurait le treizième sur la liste générale, entre ceux de M. Henri Martin et de M. Lockroy.

Cet honneur, il ne l'avait pas sollicité, mais il en fut très fier, et il l'a toujours considéré comme la plus glorieuse récompense des services qu'il avait pu rendre.

Dès son arrivée à Bordeaux, il fut choisi par M. Thiers pour faire partie du nouveau ministère, en qualité de ministre de la marine. Peu de jours après, il revint à Paris avec mission de chercher, avec ceux de ses collègues qui s'y trouvaient, le moyen d'étouffer les germes de l'insurrection formidable qui se préparait.

Voici en quels termes le président de la République s'exprima alors sur son compte, à la tribune, dans la séance du 12 mars 1871 :

« ... Nous avons fait plus.

« Le ministre de la marine pouvait presque indifféremment siéger à Paris, ou à Bordeaux ; la nature de ses travaux ne lui imposait pas l'une de ces résidences plutôt que l'autre ; nous l'avons pourtant prié de s'y rendre, parce qu'il y est populaire, parce qu'il y est illustre, non seulement par beaucoup de sens, mais par un courage calme qui a frappé d'admiration tous les habitants de Paris et qu'il s'y est acquis une popularité dont nous sommes heureux de nous servir. »

Le ministre de la marine s'efforça de mériter cet éloge éminemment flatteur.

Lorsqu'il arriva à Paris, où il joignit ses efforts

à ceux de MM. Jules Favre et Ernest Picard, l'état des esprits était fort inquiétant et la situation déjà gravement compromise.

L'insurrection s'organisait en quelque sorte sous les yeux du Gouvernement qui, faute de moyens de répression, l'armée étant presque tout entière prisonnière de guerre, ne pouvait qu'user de demi-mesures et ajourner toute tentative sérieuse, jusqu'à ce qu'il eût à sa disposition des forces municipales et militaires suffisantes.

Les faubourgs veillaient en armes autour de l'artillerie qu'on leur avait laissée ; Belleville, Montmartre, la Villette, montaient la garde près des canons dont il était difficile, pour ne pas dire impossible, d'approcher.

L'Assemblée, appréciant la gravité des circonstances, vint s'installer à Versailles, et M. Thiers, accompagné du reste de son ministère, accourut à Paris.

Il n'y avait plus de temps à perdre ; il fallait agir.

On résolut de tenter l'enlèvement des canons au pouvoir des insurgés. Si cette tentative eut réussi, comme l'espéraient quelques-uns des maires de la capitale, la lutte peut-être eût été évitée ; tout pouvait rentrer dans l'ordre.

Malheureusement les dispositions furent mal prises. Il y eut des retards, des hésitations, des lenteurs ; et, il faut bien le reconnaître, plusieurs généraux chargés d'exécuter cette opération demandant une attitude résolue et la plus grande célérité, manquèrent de l'énergie nécessaire.

Cependant les ordres du général Vinoy étaient précis, formels; on ne les exécuta pas.

Les régiments de nouvelle formation se composaient d'hommes inconnus les uns aux autres et sans confiance dans leurs officiers, qui, eux-mêmes, manquaient de fermeté et de solidité.

Le découragement, dès le début, s'empara de ces troupes, et l'on dut abandonner la partie.

M. Thiers ordonna la retraite immédiate sur Versailles, dans le but de faire garder et protéger l'Assemblée nationale. Il se résolut à cette mesure extrême après que la garde nationale, dans la journée du 18 mars, eut refusé de se lever à l'appel du Gouvernement, mais il espérait encore que, livrée à elle-même, elle se réunirait pour défendre ses biens et pour réprimer les excès du peuple surexcité par les fatigues et les souffrances du siège; du peuple qui, grisé par les déclamations de coupables meneurs, craignait que l'existence de la République ne fût menacée.

L'amiral Pothuau assista aux préludes de l'effroyable guerre civile.

Dans cette situation critique, quand l'évacuation de Paris fut résolue, il insista fermement pour qu'on conservât quelque position importante, telle que l'École militaire, le Trocadéro, ou le bois de Boulogne. Son avis ne prévalut pas.

Le gouvernement tout entier s'installa à Versailles à côté de l'Assemblée, et il fallut faire le siège de Paris, arracher la capitale aux mains de ceux qui se refusaient à reconnaître les pouvoirs réguliers du pays.

Le vice-amiral Pothuau s'associa à cette œuvre avec le plus grand dévouement, et lorsque les hostilités furent reprises, il ne négligea aucune occasion de se montrer, avec le ministre de la guerre, au milieu des troupes pour les engager à la résistance. Il accompagna M. Thiers, explorant presque journellement les camps et les batteries situées autour de Paris.

Les marins eurent une nouvelle part dans cette épouvantable lutte devenue nécessaire.

Dans une reconnaissance qu'il fit un jour à Châtillon, l'amiral eut son aide de camp, le capitaine de frégate Brown, grièvement blessé à ses côtés.

Le concours apporté par la marine pour la répression de l'insurrection de Paris, a été étudié dans un article de la *Revue maritime et coloniale*, à laquelle nous empruntons les faits qui suivent :

Les opérations contre Paris ont duré cinquante-six jours, depuis le 3 avril, où les bandes insurgées se brisèrent contre les jeunes troupes de l'armée régulière, jusqu'au 28 mai, où l'insurrection fut définitivement écrasée.

Pendant ces deux mois, les moyens d'action les plus puissants furent successivement mis en œuvre pour venir à bout des formidables défenses élevées contre l'étranger.

Voici par quels moyens la marine mérita le glorieux témoignage rendu plus tard aux armées de terre et de mer par l'Assemblée nationale.

Après la tentative des bataillons insurgés sur Versailles, on se prépara à attaquer par l'artillerie les forts et les murs d'enceinte. L'artillerie de terre prit position d'un côté; de l'autre, s'établissaient les marins venus des ports avec le matériel qu'ils devaient servir.

L'artillerie de marine, qui ne comptait qu'un seul régiment, s'était déjà multipliée pendant la guerre; employés simultanément dans les batteries de siège, dans les batteries à pied et les batteries montées de l'artillerie de campagne, les artilleurs de marine rivalisèrent avec leurs frères de l'armée et montrèrent en toute occasion une solidité et une aptitude professionnelles auxquelles chacun rendit hommage.

Pendant les dernières opérations contre Paris, ce régiment fournit sept batteries employées aux diverses attaques. Le commandement supérieur des batteries de la marine, fut confié au capitaine de vaisseau Ribourt.

Tout était à créer en principe. A Montretout, tandis que les terrassiers, sous la direction du génie, travaillaient nuit et jour à la construction des épaulements, des meurtrières, des chemins couverts, et que l'artillerie faisait les revêtements et traçait les embrasures, les marins travaillaient par bordées à la mise en batterie des pièces, ainsi qu'à amener à pied d'œuvre l'immense matériel qui les accompagnait. Des trains arrivaient à chaque instant à Saint-Cloud et il fallait, sans repos ni trêve, décharger les wagons qui encombraient la voie.

Commencés le 30 avril, ces travaux considérables furent terminés le 7 mai. Derrière un épais rideau de feuillage qui avait servi à masquer les travailleurs, soixante-dix pièces de canon étaient prêtes à couvrir de leur feu toute la partie de l'enceinte comprise entre la porte Maillot et le Point du Jour. L'amiral Krantz, chef d'état-major du ministre contribua puissamment à la construction de la batterie de Montretout.

Le bombardement commença le 8 mai à dix heures du matin sous la direction de l'amiral Pothuau, et fut continué avec de rares intermittences jusqu'au 21, jour de l'entrée des troupes dans Paris.

Les effets de ce feu ont été terribles.

Les portes de Saint-Cloud et d'Auteuil rasées au ras de terre et comblant les fossés de leurs débris, les bastions bouleversés, les pièces renversées, les casemates effondrées, témoignaient de la puissance du tir.

Mais la zone de dévastation était circonscrite à l'espace avoisinant le rempart, et, sauf à la porte d'Auteuil, où l'on avait dû allonger le tir pour empêcher les travaux que l'on supposait devoir être faits derrière le viaduc, les coups étaient ramassés dans un rayon de 150 mètres au delà de l'enceinte.

La création en huit jours des batteries de Montretout, dit l'auteur de l'article que nous avons cité, fut un des plus énergiques efforts de l'armée de Versailles, qui marquera certainement dans l'histoire des sièges.

C'est un honneur pour la marine d'avoir pris part à un événement de cette importance [1].

En outre, une flottille arrivée en toute hâte de Brest, de Cherbourg et de Lorient aida puissamment la marche de nos troupes entrées dans Paris et s'avançant le long de la Seine.

---

1. L'état-major du ministre était composé de la manière suivante :
MM. Krantz, contre-amiral, chef d'état-major ;
Santelli, sous-commissaire, secrétaire ;
Brown, capitaine de frégate, aide de camp.
Humann, lieutenant de vaisseau, officier d'ordonnance ;
De Lacroix,   —   —
Touchard,   —   —
Froideau, capit. d'artillerie, officier d'ordonnance ;
Chessé, capitaine d'infanterie. —

« Le 24 mai, a écrit dans un rapport l'amiral Ribourt, je reçus à une heure l'ordre de M. le ministre de la marine d'armer rapidement les canonnières pouvant marcher avec les marins canonniers des batteries de Montretout. A quatre heures, le *Sabre* et la *Claymore* remontaient la Seine avec une chaloupe à vapeur. L'absence de mécaniciens avait causé ce retard.

« Il n'y eut ce soir là que quelques coups de canon de tirés.

« Le lendemain les canonnières remontaient jusqu'à la barricade la plus avancée occupée par nous, afin de battre les quais des Ormes, de Saint-Paul et des Célestins, et à enfiler au besoin ceux de la Cité et de l'île Saint-Louis. Peu après, précédant nos colonnes, elles recevaient à 800 mètres une fusillade très vive sur le pont de la Tournelle. Marchant alors à toute vitesse et tirant à mitraille, les canonnières s'approchèrent jusqu'à 100 mètres du musoir sud du canal Saint-Martin, sous un feu très violent. Elles prenaient ainsi en écharpe toute la ligne de tirailleurs qui se pressaient sur le quai et nous dominaient. Notre position était des plus favorables, mais celle de l'ennemi était des plus importantes. Il a dû faire tous ses efforts pour la garder. La place de la Bastille était encore en son pouvoir, et toute la ligne des quais était en feu ; le seul passage laissé à nos troupes était le bord de l'eau. C'était à la flotille de frayer ce passage et d'éteindre le feu d'enfilade des canons du canal Saint-Martin.

« L'action fut des plus chaudes; les coups de l'ennemi plongeaient sur les canonnières dont les plaques de tôle étaient traversées.

« Si nos pertes ont été sensibles, celles de l'ennemi furent assez sérieuses pour le contraindre à abandonner à nos troupes les maisons des musoirs qu'il défendait avec une réelle vigueur, et à se retirer derrière les barricades.

« Battues longtemps par nos canons et les batteries établies sur l'autre rive, ces barricades furent enfin enlevées avec le plus grand élan par les troupes du général Faron.

« La canonnière *la Mitrailleuse,* commandée

par M. Dupuis, remontait en ce moment avec le canot de M. le capitaine de frégate Lacombe. Par un tir précis et très rapide, cette troisième canonnière aida puissamment à déloger les insurgés des barricades et des maisons de la rive droite. La flottille remonta ainsi, protégeant nos colonnes et tirant à mitraille jusqu'à mi-distance entre le pont de Bercy et le pont viaduc de l'enceinte.

« Vers huit heures du soir nos troupes prenant leur campement au pont d'Austerlitz, les canonnières redescendaient à la hauteur du canal Saint-Martin.

« Avant de passer sous le pont de Bercy elles furent de nouveau accueillies par une vive fusillade; quelques volées de mitraille dégagèrent rapidement le quai et l'ennemi s'enfuit en abandonnant morts et blessés.

« Un seul marin du *Sabre* fut atteint.

« Pendant toute cette journée nos équipages, qui venaient de se faire remarquer aux batteries de Montretout par la grande précision de leur tir, ont montré une fois de plus ce qu'on pouvait attendre d'eux. Leur sang-froid ne s'est pas démenti un moment, alors même que les pertes étaient assez sérieuses pour leur nombre réduit.

« Le *Sabre* a eu trois marins tués et six blessés ; la *Claymore* a perdu son second, M. Huon de Kermadec et a eu neuf marins de blessés grièvement. Sur la *Mitrailleuse*, M. le capitaine de frégate Lacombe et trois hommes ont été frappés.

« ..... Je ne puis en ce moment citer tous les noms de ceux qui se sont remarquablement conduits, mais je dois dès aujourd'hui signaler M. le capitaine de frégate Rieunier pour sa brillante attitude, son sang-froid et sa rare énergie.

« *Signé* : Ribourt »
« Capitaine de vaisseau.

Au total la petite flottille dont il s'agit se composait donc du *Sabre*, commandé par M. Bourbonne, lieutenant de vaisseau ; de la *Claymore*, commandée par M. Wyts, lieutenant de vaisseau, et de la *Mitrailleuse*, commandée par M. Lacombe, capitaine de frégate. L'effectif se montait à 82 hommes dont 9 officiers : 3 officiers furent blessés et un tué ; 20 hommes blessés et un tué, c'est-à-dire qu'un tiers se trouva atteint par les balles des insurgés.

On voit que la marine n'a pas failli au rôle qu'elle avait à jouer pendant la bataille dans Paris.

Ajoutons que les canonniers marins furent appelés à rendre d'autres services. Un bataillon de 570 hommes, formé avec les armements de Breteuil et de Montretout, avait été envoyé le 24 au matin dans Paris et affecté à la garde du grand quartier général du maréchal de Mac-Mahon, du ministère de la marine et du Louvre.

Le général Vinoy a rendu justice comme il convenait à l'attitude des troupes de la marine pendant les huit jours que dura la lutte. Il a rappelé comment le palais du Luxembourg fut enlevé par un bataillon de marins, et dans quelles circonstances, le 27 mai, les troupes, harassées de fatigue par les veilles et les combats incessants, furent de nouveau entraînées en avant par le succès d'un bataillon d'infanterie de marine, sous les ordres de M. le commandant Grandclément, qui, de barricade, en barricade avait abordé le cimetière du Père-Lachaise et atteint la place de Puebla.

Ces brillants états de service ne sauraient s'oublier.

Il importe de rappeler aussi comment le 21 mai le capitaine de frégate Trève se trouvait dans les tranchées ouvertes devant la porte de Saint-Cloud, lorsqu'un homme dévoué, M. Ducatel, piqueur des ponts et chaussées, vint prévenir le capitaine que les défenseurs des bastions avoisinants, écrasés sous le terrible feu de Montretout s'étaient momentanément retirés.

Une trahison était à craindre. Le commandant Trève, ainsi que cela a été rappelé dans la *Revue Maritime*, s'avança seul sous la pluie des projectiles qui balayait les abords de la porte, franchit l'enceinte sur les décombres amoncelés, et, pénétrant dans l'intérieur, s'assura que cet abandon apparent ne cachait aucune embûche. Après un minutieux examen, le drapeau tricolore fut arboré sur les bastions de la ville.

Le commandant Trève rendit compte, à l'amiral Pothuau dans les termes suivants, de cet important événement.

Monsieur le Ministre,

« ..... J'étais vers trois heures, dans la tranchée en face de la porte de Saint-Cloud ; j'y examinais les remparts, et, dans mon étonnement du silence des insurgés, la pensée me vint d'aller reconnaître à quelques mètres de distance l'état du pont-levis qu'un coup de canon avait abattu depuis plusieurs jours. Cet examen se fit sans danger ; aucun coup de fusil ne fut tiré contre moi des remparts.

« J'étais là depuis un quart d'heure quand une

personne en vêtements civils, parut au bastion de gauche en agitant un mouchoir blanc.

« Cette personne prononça quelques paroles que le bruit des explosions d'obus lancés par les batteries de Montretout et de Breteuil m'empêcha de distinguer parfaitement. Néanmoins je crus entendre : « Il n'y a personne, venez, venez. »

« Ne voyant pas d'officier à ma proximité, je saute de la tranchée en courant, vers le réduit j'enjambe le pont-levis dont il ne reste plus qu'une poutrelle, et je rejoins la personne en question.

« — Commandant, me dit M. Ducatel, piqueur des ponts et chaussées, ancien sous-officier d'un régiment d'infanterie de marine, ne craignez rien ; il n'y a pas de ruse, Paris est à vous ; voyez, tout est abandonné, faites entrer rapidement vos troupes. »

« ... Je constatai, en effet, une évacuation complète.

« ... Je m'empressai de télégraphier aux généraux Douai et Vergé ce qui venait de se passer... Trois quarts d'heure plus tard le feu cessait sur toute notre ligne.

« ... Je crois de mon devoir d'ajouter que l'examen de l'enceinte avec M. Ducatel et notre rentrée dans les tranchées se sont accomplis sous une pluie d'obus lancés à cette heure sur la porte même de Saint-Cloud. Je ne saurais donc trop insister sur le remarquable sang-froid et sur le dévouement vraiment admirable dont a fait preuve M. Ducatel, en venant à nous et en consentant à m'accompagner malgré le péril du retour.

« ... A cinq heures j'avais l'honneur de vous rencontrer vous dirigeant vers les remparts.

« Je suis, avec le plus profond respect, M. le ministre... »

Signé : A. Trève,
capitaine de frégate.

Cet épisode connu devait être rappelé dans ce livre où il est question du rôle glorieux, mais pénible, joué par les marins pendant la guerre de 1870 et pendant la répression de la Commune.

Quelle fut ! pendant que s'achevait cette dernière et terrible lutte, la conduite de l'amiral Pothuau ?

Nous avons dit quelles mesures énergiques avaient été prises par lui, comment il avait payé de sa personne ; une page empruntée à Maxime Du Camp et extraite de son chapitre intitulé : *Le ministère de la marine pendant la Commune*, achèvera de nous renseigner :

« Le vendredi 23 mai, la lutte continuait ; les troupes de Versailles avançaient. Le ministère de la marine, gardé par quelques énergiques serviteurs du droit, entre autres M. Gablin, le ministère, plein de poudre, de touries de pétrole semblait devoir brûler d'un moment à l'autre.

« Vers trois heures et demie du matin, M. Gablin entendit un cri perçant, un cri de femme : « Voici l'amiral. »

« Il accourut et se trouva face à face avec

l'amiral Pothuau, qui, accompagné d'un officier de marine et d'un officier de gendarmerie coloniale, venait, lui cinquième, reprendre possession de son ministère, et ajoutait ainsi un trait héroïque à une existence où l'héroïsme n'a jamais fait défaut :

« — Bonjour, Gablin, je suis content de vous voir.

« Il y eut une minute d'expansion ; Mme Lesage qui avait reçu l'amiral ne pouvait, malgré son énergie toute virile, retenir ses larmes.

« — Où est Lesage ? demanda le ministre.

« — Il vous cherche, répondit sa femme.

« — Comment, vous êtes seul ? dit M. Gablin.

« — Non pas, répliqua l'amiral ; mon corps d'armée est derrière moi. »

« Et, en souriant, il montrait trois gendarmes qui, l'arme au bras, marchaient posément de front dans la rue Royale et se dirigeaient vers le ministère.

« Voici ce qui s'était passé : l'amiral Pothuau avait établi son quartier général au palais de l'Industrie, et comme il regardait vers le ministère de la marine, qui se détachait en noir sur les flammes, il eut une inspiration comme les grands cœurs en ont souvent, et partit avec l'escorte que l'on sait, en disant : « Allons voir un peu ce qui se passe chez nous ! » Il mit le sabre en main et partit le premier. Il traversa le faubourg Saint-Honoré, échappa à une fusillade qui lui vint on ne sait d'où et arriva à son ministère.

« Il n'était pas entré que toutes les femmes du quartier, échevelées, pleurant, se jetaient sur lui, l'embrassaient, lui baisaient les mains, et criaient : « Enfin vous voilà, nous sommes sauvée. »

« L'amiral, après avoir donné ses ordres, cria : « Au Pavillon. »

« On s'élança derrière lui dans les escaliers ; il monta jusque sur les toits et fit couper la drisse du drapeau rouge qui fut amené sous ses yeux. Le jour allait paraître.

« Quelques fédérés encore embusqués derrière les épaulements du jardin des Tuileries tirèrent sur lui et ne le dérangèrent pas. Tandis que pleuvaient les balles on hissa le drapeau tricolore. »

Cet épisode qu'il est inutile de commenter, achève de peindre le soldat que sa vaillance et son honnêteté politique ont justement rendu populaire. On sait maintenant par quels moyens il a conquis l'estime et la reconnaissance de la nation.

Bientôt, grâce au concours de tous les dévouements, grâce à l'énergie et à l'intelligence des hommes appelés aux affaires par l'universelle confiance, il fut permis à la France de songer à réparer ses forces; mission difficile et dont les difficultés auraient été insurmontables si ces hommes n'avaient été sages, habiles, prudents, et s'ils n'avaient été guidés par le plus ardent patriotisme.

La lutte, terminée après une répression terrible, et qui ne s'explique que lorsqu'on se souvient que Paris était la proie des flammes, les troupes de la marine furent renvoyées dans leurs ports ou dans les colonies et reprirent à bord des navires leur service habituel.

Elles avaient été fidèles, comme elles le seront toujours, aux traditions d'une sévère discipline dont les chefs donnent les premiers l'exemple ; cela a fait leur force et cela a été leur honneur.

Quelque rude qu'ait été l'accomplissement de leur devoir, elles ont toujours compris la grandeur de l'esprit d'abnégation et de sacrifice.

Aussi l'amiral ministre, quand sonna l'heure du départ, adressa-t-il aux siens ces nobles paroles d'adieu et d'encouragement :

« Au moment où vous allez retourner dans vos ports pour reprendre un service que vous avez quitté depuis plusieurs mois, laissez-moi vous faire mes adieux et vous dire en peu de mots ce que je pense de vous.

« Je m'adresse à l'artillerie et à l'infanterie de marine de même qu'aux marins.

« Appelés à assister vos braves frères de l'armée de terre, lorsqu'il a fallu défendre le sol de la patrie contre l'étranger, vous avez participé à toutes leurs fatigues, à tous leurs dangers, et votre dévouement a égalé le leur.

» Vous venez enfin de donner de nouvelles preuves de ce dévouement sans limites, de cet esprit de discipline qui vous distingue si éminemment, dans l'horrible lutte qui s'est accomplie contre la criminelle insurrection de Paris.

« Vous vous êtes honorés une fois de plus et vous avez fait rejaillir par vos vertus guerrières sur le corps auquel vous appartenez, un éclat qui ne s'effacera pas.

« Fier d'être à votre tête, je vous remercie, au nom de ce corps, de ce que vous avez su faire en toutes circonstances.

« Croyez que ma sollicitude ne vous fera pas défaut.

« Mais ce qui sera surtout votre plus belle récompense, c'est la reconnaissance de la patrie qui vous est acquise à jamais.

« Vive la France !

« *Signé* : Vice-amiral POTHUAU. »

Il était impossible d'exprimer mieux et plus simplement ce que la France pensait.

Résumons en quelques mots les événements que nous venons de passer en revue.

C'est grâce au courage de l'amiral Pothuau, accompagné de la *formidable* escorte composée de quatre hommes, parmi lesquels se trouvait son aide de camp le lieutenant de vaisseau Humann, que le ministère de la marine fut sauvé. Quelques heures plus tard c'en était fait de ce splendide monument ; il brûlait comme le ministère des finances et comme l'Hôtel-de-Ville.

La grêle de balles partant, au moment de la prise de possession de la terrasse, non seulement du jardin des Tuileries, mais encore des maisons de la rue de Rivoli, épargna le ministre, par miracle.

De cette terrasse il put utilement voir ce qui se passait dans Paris ; mais son cœur se serra à l'aspect des incendies allumés de toutes parts.

Cependant, grâce à ce poste d'observation conquis au prix d'un si grand péril, il lui fut permis de renseigner utilement les autres commandants de troupes et de leu rindiquer les marches urgentes pour arrêter les progrès de l'incendie.

C'est grâce à lui également et à la suite des ordres qu'il donna que les canonnières, dont nous avons expliqué l'action, purent soutenir de manière efficace les mouvements des troupes de Versailles. L'amiral avait inspecté ces bâtiments armés près du Champ de Mars en quelques heures avec une merveilleuse promptitude, et au moment de donner l'ordre de départ il recommanda aux chefs d'aborder l'ennemi à portée de pistolet.

On sait comment cette consigne fut exécutée : les canonnières mouillèrent au début de l'action à cent mètres des batteries de l'île Saint-Louis,

Et l'on n'a pas oublié l'enthousiasme des Parisiens lorsque le ministre de la marine adressa à ses vaillants officiers et à ses incomparables soldats l'adieu que l'on vient de lire.

Quelques jours après la publication de cet ordre du jour qui eut un grand retentissement, on célébra au bois de Boulogne, dans une revue, la cessation des hostilités et le commencement de réorganisation de notre armée, réorganisation qui fut si activement poursuivie et si bien menée à bonne fin par les efforts intelligents et persévérants de M. Thiers, président de la République.

L'Assemblée et la population acclamèrent l'armée.

Les marins, déjà rentrés dans leurs ports, ne furent pas témoins de cette ovation patriotique ; mais le souvenir de leurs exploits vivait dans tous les cœurs et la reconnaissance de la nation envahie leur est éternellement acquise.

Pour eux, ils ne savent qu'une chose : c'est qu'ils ont fait leur devoir.

Mentionnons dans ce livre où rien ne doit être passé sous silence, que l'amiral Pothuau fut mis en accusation le 3 avril 1871 par les membres de la Commune. Ses biens devaient être confisqués ainsi que ceux de ses collègues du gouvernement.

Cependant l'amiral ne fut pas de ceux qui se mêlèrent aux exécutions malheureusement nombreuses et sommaires de la semaine de mai.

Au contraire, il eut occasion de protéger quelques-uns des hommes qui s'étaient laissés entraîner dans la terrible guerre civile. Auguste Okolowicz lui dut son salut.

Durant le siège de Paris, Okolowicz commandait une compagnie de francs, tireurs dans le corps de l'amiral Pothuau.

Pendant la Commune il devint colonel, puis général de la deuxième brigade de la division Dombrowski.

Blessé accidentellement, il était alité lorsque les troupes de Versailles firent irruption dans l'ambulance.

Son titre de général l'eut fait fusiller sans aucun doute; déjà l'ordre de se lever lui était signifié d'une manière significative, lorsque l'amiral venant à passer le reconnut, se rappela les bons services rendus pendant le siège, s'interposa et le fit conduire à Versailles.

Okolowicz de la sorte arraché à une mort certaine, parvint à s'échapper sous un déguisement de l'ambulance de Satory.

L'amiral n'aime pas à parler de ces événements : cette lutte fratricide à la fin d'une guerre où Paris s'était illustré, lui a toujours inspiré une grande pitié pour cette grande ville à laquelle il lui répugnait d'attribuer une intention criminelle. Il n'a cessé d'y voir avant tout l'œuvre de l'ennemi et des étrangers.

CHAPITRE VIII

SOMMAIRE.

Premiers actes du ministre de la marine. — La réduction du budget. — Les économies nécessaires. — Les transports en Nouvelle Calédonie et à la Guyane. — Travaux des officiers de la marine. — Nos colonies. — Mesures et réformes les concernant. — Nouvelle composition de la flotte. — L'amiral Pothuau jugé par les Anglais. — Un article du *Daily-News*.

Nous espérons avoir fait connaître suffisamment l'homme de guerre ; il nous reste à étudier la dernière phase de cette existence, le rôle de l'amiral élu député par Paris reconnaissant, choisi comme ministre par M. Thiers.

Pour bien dire comme il accomplit sa mission nouvelle, il nous sufffra d'énumérer ses actes.

Pendant le temps qui s'écoula entre la nomination de l'Assemblée et la guerre civile, le ministre de la marine se fit immédiatement rendre compte de l'état des divers services afin de régler les compositions de nos forces navales, de les mettre en rapport avec la situation nouvelle que la guerre avait faite à la France, et de préparer les réformes, les économies que réclamait cette situation.

Au moment de l'insurrection l'amiral Pothuau, le 2 mars 1871, adressa de Versailles aux préfets maritimes, gouverneurs et commandants à la mer, une circulaire leur prescrivant d'entrer résolument dans la voie des économies, de réduire le plus possible les dépenses, notamment celles qui concernaient les objets de consommation et le combustible.

Chacun songeait alors, dans la plus généreuse intention, à ses réductions utiles; mais entraînés par leur zèle louable, les réformateurs, dans l'exposé de la situation financière du pays, étaient allés jusqu'à parler de cinquante à soixante millions d'économies à réaliser sur le budget de la marine.

L'amiral eut d'abord à résister à ces entraînements et à signaler le danger d'une pareille exagération.

Il démontra devant la commission du budget qu'il était impossible d'aller aussi loin. Quoique fermement résolu aux réductions nécessaires, il avait à sauvegarder les intérêts du département dont la direction lui était confiée.

Il proposa pendant la préparation du budget de 1872, l'abandon de vingt-neuf millions et ne parvint pas sans peine à faire prévoir la nécessité de conserver le reste.

L'Assemblée nationale lui imposa une réduction de trente-deux millions.

Cette diminution considérable porta sur l'ensemble des crédits dont le département avait pu disposer pour l'exercice 1871, ce qui permit de maintenir le budget ordinaire de 1872 au chiffre de 144,506,000 francs.

L'économie porta principalement sur la dotation du matériel qui, à cette époque, pouvait la supporter d'autant plus aisément que les stocks de matières nécessaires pour refaire nos approvisionnements étaient épuisés et que les modèles des types nouveaux à construire étaient encore à l'étude.

Or, à la fin de l'exercice de 1871 le chiffre des annulations de crédit fut assez important, pour prouver que si le département de la marine avait eu pour le matériel plus d'argent à sa disposition, il ne lui aurait pas été possible de le dépenser.

Quant au personnel, les réductions d'effectifs inscrites au budget, non comme définitives mais à titre de prévisions budgétaires, ces réductions quoique justifiées par les circonstances, ne devaient s'accomplir que par voie d'extinction, avec une sage lenteur. Elles furent de peu d'importance dans les années qui suivirent 1872.

Au surplus, dès cette époque, il fut convenu que, de même que pour l'armée, une commission spéciale serait appelée à fixer définitivement les cadres des divers corps de la marine.

Et l'amiral Pothuau, soucieux des intérêts de la flotte et de ceux de ses officiers, avait eu soin de déclarer de la façon la plus formelle, que ce budget réduit ne pouvait être qu'un budget de transition nécessité par les épreuves du pays et par ses charges financières.

« Aussitôt qu'on sera sorti des embarras causés par la guerre, il faudra, dit-il, pour compenser l'insuffisance actuelle des allocations, accorder à la marine des dotations calculées sur les besoins réels et tenir compte des ralentissements qu'auront subis les travaux de construction.

Cette réserve formelle, rappelée depuis lors en termes éloquents et convaincus par l'amiral Pothuau et ses successeurs, a eu pour résultat de faire augmenter successivement chaque année le montant des crédits alloués à la marine, notamment pour la dotation du matériel.

Dès 1874 le budget s'augmenta de plus de huit millions.

Mais en 1871, fidèle à la promesse qu'il avait faite à la commission du budget, l'amiral Pothuau soumit à l'Assemblée nationale, en même temps que ses propositions de réduction, un nouveau programme de la flotte normale comprenant 157 bâtiments, sans compter un nombre indéterminé de bâtiments de servitude, de flottilles, et d'écoles flottantes.

Ce programme fut adopté sans observations par l'Assemblée nationale ; il est encore, sauf de légères modifications, la base de nos forces navales.

Une commission spéciale fut envoyée dans les ports avec mission d'examiner les bâtiments existants, d'indiquer ceux qui pouvaient entrer dans la composition de la flotte nouvelle, ceux qui devaient être condamnés, et d'étudier le meilleur parti à tirer des bâtiments détériorés.

Ce travail, fort soigneusement fait, facilita la prompte et bonne reconstitution de notre flotte.

A mesure que la radiation d'un bâtiment était

reconnue nécessaire, l'amiral appliquait tous ses efforts à combler aussitôt le vide.

D'autre part, la fabrication de l'artillerie était une de ses principales préoccupations ; il pressait activement l'organisation de la défense sous-marine de nos ports et l'étude de l'attaque au moyen de torpilles.

Grâce à sa constante sollicitude la marine française, sous ce rapport, ne resta en arrière d'aucun progrès.

Deux faits importants se rattachant au service pénitentiaire se sont accomplis pendant ce premier ministère de l'amiral Pothuau :

La déportation, le transport de France à la Nouvelle-Calédonie de plus de quatre mille condamnés à la suite de l'insurrection de mars 1871, et le transfert au même lieu et à la Guyane de quinze cents forçats jusqu'alors enfermés au bagne de Toulon. Mesure qui a eu pour conséquence la suppression des bagnes.

L'embarquement d'un si grand nombre d'hommes pour une si longue traversée, leur installation dans nos deux colonies pénitentiaires, s'accomplirent sans difficulté et sans accident, grâce à la sagesse des dispositions prises par le ministre de la marine.

Indépendamment de ces questions importantes et de l'organisation de ces services difficiles, l'amiral prit part aux principales discussions politiques de l'Assemblée nationale.

Nous résumerons plus loin cette participation aux grandes questions alors agitées, mais il nous faut consigner d'abord ses actes administratifs.

Dès 1871 il réorganisa les deux grands conseils de son ministère, le conseil d'amirauté et le conseil des travaux.

L'administration centrale fut l'objet de modifications propres à mieux régler son recrutement et son fonctionnement.

L'inspection générale de l'artillerie fut rétablie, et des mesures furent prises pour augmenter le nombre des officiers et des sous-officiers embarqués.

Le recrutement du commissariat de la marine

et du corps de l'inspection des services administratifs se trouva réglé par des dispositions nouvelles.

Le personnel des conducteurs de travaux hydrauliques, celui des maîtres principaux et entretenus de la flotte et celui du gardiennage, vit sa situation s'améliorer sensiblement.

Les agents inférieurs et les ouvriers des arsenaux reçurent une augmentation de salaire.

Pour les équipages de la flotte on créa le grade de fourrier-chef.

Le service des militaires, marins, fonctionnaires et agents appelés en Cochinchine et au Sénégal fut, dans un but d'humanité facile à comprendre, réduit de trois à deux ans.

On améliora l'ordinaire des marins.

Un décret en date du 31 décembre 1872 régla l'appel des inscrits maritimes, supprima le remplacement et établit une certaine parité entre les inscrits et les jeunes soldats fournis à l'armée de mer par le recrutement.

Une réorganisation se fit dans les prisons maritimes.

Un décret vint fixer, sur de nouvelles bases, l'armement, les essais, l'entretien et la conservation des bâtiments de la marine nationale.

Un service régulier s'établit entre nos divers colonies et la métropole, au moyen de transports de l'État pouvant recevoir à la fois de nombreux passagers et des quantités considérables de matériel.

Mais au nombre des questions qui attirèrent le plus l'attention de l'amiral Pothuau, il faut citer la recherche des meilleurs moyens propres à faciliter les travaux des officiers en dehors de leur service, à développer l'instruction et le goût du travail dans les divers corps de la marine.

Les officiers furent invités à participer à la rédaction de la *Revue maritime et coloniale*, à fournir des études concernant la marine ou tout autre sujet s'y rattachant.

Des commissions furent nommées dans les

ports avec mission d'examiner, d'apprécier ces travaux avant leur envoi au ministre auprès duquel une commission supérieure jugeait la valeur de ces études dont plusieurs furent très remarquables et méritèrent à leurs auteurs de vifs témoignages de satisfaction.

Des cours spéciaux et des conférences s'organisèrent dans les ports; des bibliothèques se créèrent à l'usage des équipages de la flotte, et toutes les écoles furent l'objet de recommandations spéciales et pressantes.

En un mot, on ne négligea rien pour développer chez les officiers le goût des travaux utiles, et les mettre à même de compléter leur éducation pratique; pour aider les hommes des troupes de la marine et des équipages de la flotte à acquérir une instruction plus complète d'où résulte une moralisation plus grande.

L'utilité de ces réformes n'échappe à personne. Cette tentative, couronnée de succès, qui a produit et qui produira les meilleurs résultats, est à notre avis un des plus beaux titres de gloire de l'amiral Pothuau. Il s'est dit qu'un soldat doit être avant tout un citoyen utile à son pays; il a voulu que les devoirs militaires ne fissent point oublier les autres devoirs; il a compris qu'en élevant le niveau intellectuel et moral des marins placés sous ses ordres on ferait des serviteurs plus intelligents et plus grands, des hommes dignes de ce nom.

Ses efforts pour atteindre un semblable but méritent la reconnaissance de la nation.

En ce qui concerne les colonies, les principaux actes édictés pendant le premier ministère de l'amiral eurent pour objet :

La révision des statuts relatifs au Crédit foncier colonial ;

La suppression du contrôle colonial et la création d'une inspection mobile des services administratifs et financiers des colonies ;

L'organisation des institutions municipales à Saint-Pierre et Miquelon, au Sénégal et dépendances ;

La création de conseils locaux et d'un conseil colonial à Pondichéry ;

La réorganisation de l'administration des affaires indigènes en Cochinchine ;

La création de bureaux de bienfaisance à l'île de la Réunion ;

L'organisation du service de la perception en Cochinchine ;

Enfin l'amiral Pothuau obtint, par une loi du 21 février 1873, qu'un crédit de un million fut mis à sa disposition pour venir en aide à l'île de la Réunion ravagée par un cyclone.

Ainsi qu'on en peut juger, rien ne fut négligé de ce qui pouvait servir et la France et le département de la marine.

Il s'agissait non pas de réorganiser un service qui venait de faire ses preuves de bon fonctionnement, mais de le simplifier, de l'améliorer, de le mettre en harmonie avec la situation du pays, avec des ressources budgétaires sensiblement diminuées.

Il fallait conserver des forces maritimes respectables, dignes de la nation en entrant cependant dans la voie de l'économie.

Pénétré de ce double devoir l'amiral Pothuau, toutes les fois qu'il eût à fournir des explications à l'Assemblée, fut écouté avec la plus bienveillante sympathie et obtint l'assentiment unanime. Sa parole était celle d'un honnête homme, d'un administrateur habile, d'un marin consommé.

Il savait persuader et convaincre parce qu'il défendait avec intelligence et avec autorité les plus justes mesures.

Aussi parvint-il à fixer la nouvelle composition de la flotte dont les différents types ont pu être définis et mis en construction, à faire achever notre artillerie de gros calibre et à donner une puissante impulsion à la fabrication des torpilles.

Nous avons énuméré ses autres actes. Ajoutons que ce fut lui qui désigna la Nouvelle-Calédonie comme l'endroit le plus propre au nouvel établissement pénitentiaire. Le climat de ce pays est sain et les condamnés du moins n'eurent à redouter ni les maladies contagieuses ni les accidents trop fréquents sous la latitude de certaines autres colonies.

Nous ne nous sommes point imposé un panégyrique ; l'estime dont jouit l'honorable amiral pourrait nous dispenser au besoin de tout éloge. Mais il nous semble intéressant de dire comment il a été jugé par l'opinion, et en France et à l'étranger.

Une citation suffira.

Le 11 octobre 1872 parut dans le *Daily News* un article à lui consacré, sous ce titre général : *Les hommes de la troisième République*. Nous en traduisons les passages principaux parce que, abstraction faite des préoccupations du journaliste anglais, cet article éclaire, pour ainsi dire, d'un jour nouveau la physionomie de l'amiral.

« Si les Français pouvaient être guéris de cette idée qu'il leur faudra un jour avoir une guerre avec l'Angleterre, ils pourraient réduire leur flotte de moitié et alléger considérablement leur budget, sans diminuer beaucoup leur force réelle, leur marine étant plutôt un coûteux ornement qu'un moyen de défense utile.

« D'un autre côté la marine est si populaire, ses officiers et ses hommes forment une partie si brave et si respectée de la nation, qu'il n'est pas douteux que le contribuable français, qui n'est jamais une personne avare, préfère voir ses impôts augmentés, plutôt que de consentir à aucune réduction dans un service qui lui est toujours plus cher que son armée.

« Les Français regardent leurs marins avec un orgueil qui n'est pas de date récente et qui a survécu à tous leurs revers.

« Les marins n'ont jamais été faits pour jouer un rôle politique, ce qui peut être une des raisons de leur popularité. — Ils ont été défaits, mais toujours avec honneur.

« Ainsi, dans la dernière guerre, partout où ils se sont montrés, ils ont donné l'exemple de toutes les qualités qui semblaient manquer aux forces de terre. Les hommes étaient disciplinés, froids, courageux, et faisaient leur service sans bruit ; les officiers étaient capables, et de chevaleresques gentilshommes.

« On ne peut pas dire que la jalousie que les militaires aiment à avoir à l'égard de leurs frères d'armes les marins, ait été beaucoup calmée par une campagne dans laquelle leurs propres défauts ressortent si évidemment, en présence des mérites de leurs rivaux. Aussi l'impression favorable que la marine française a produite sur la nation en général, sera-t-elle ineffaçable.

« Aucun homme ne pouvait être mieux choisi pour diriger et réorganiser les forces navales, en ce moment que l'amiral Pothuau.

« On a toujours considéré comme une chose à discuter, la question de savoir si ce serait un civil ou un marin qui serait placé à la tête du département de la marine, et les idées peu avancées de plusieurs amiraux ministres ont conduit les réformateurs à préférer les civils.

« Mais l'amiral Pothuau, que l'habile M. Thiers a choisi au moment où il prenait le pouvoir, a toutes les dispositions libérales d'un civil capable, avec l'activité et l'expérience professionnelle.

« Il y a une histoire d'un ministre français de la marine qui, étant interrogé au moment de sa retraite, sur ce qu'il avait fait pendant les quatre années qu'il avait été ministre, répondit avec quelque solennité : « J'ai laissé toutes cho-
« ses comme je les ai trouvées, et j'ai travaillé
« bien assez, eu égard au nombre de novateurs
« qui étaient toujours à me harceler. »

« Un autre, — mais celui-ci était un ministre danois, — étant interrogé semblablement, répondit : « Eh bien ! j'ai donné à la flotte de nou-
« veaux uniformes et aux bâtiments de nou-
« veaux canons. J'ai construit de nouvelles
« frégates, j'ai confié des commandements à des
« hommes nouveaux et introduit des règles nou-
« velles dans les différentes branches du service. »

« Chacun de ces hommes d'État pouvait avoir

mieux fait; ils illustrent les deux écueils que les administrateurs de la marine ont à éviter. L'homme qui veut faire trop de choses, qui arrive à la tête du département avec l'idée de changer jusqu'au moindre tolet des embarcations, cet homme se met bientôt à la traverse des idées de son collègue du département des Finances, rend tous les officiers maussades dans leur service et n'est populaire qu'aux yeux des fournisseurs. Au contraire, le ministre qui ferme son oreille aux inventeurs, ne trouve rien à dire à ceux qui lui donnent de bons avis et repousse avec un dédain routinier tous les législateurs qui examinent ses appréciations.

« Ce ministre, — un type malheureusement trop connu, — agit aussi désastreusement sur son département que la rouille sur le fer.

« L'amiral Pothuau a précisément la nature d'esprit calme qu'il faut pour éviter ces deux extrêmes.

« Parisien de naissance, il entra à l'École navale, en 1830, à l'âge de quinze ans, et quatre ans après il s'était déjà assez distingué pour que son capitaine écrivit de lui : « M. Pothuau « est un jeune officier du plus grand avenir. Il « est plein d'honneur, zélé et ponctuel dans « l'accomplissement de ses devoirs. »

« Les superlatifs étant rarement employés dans les notes que les officiers supérieurs donnent aux officiers subalternes, les paroles qui précèdent peuvent compter comme un certificat enviable.

« Aussi les promotions du jeune Pothuau suivirent-elles rapidement. Pendant le temps qu'il avait mis à acquérir l'épaulette, il avait navigué sur la plupart des mers du globe.

« Il n'était pas alors question de combattre, mais l'introduction de la vapeur dans la marine avait créé un grand stimulant pour les voyages d'exploration, et ce fut le but du jeune Pothuau d'être destiné à plusieurs d'entre eux.

« En 1840, il fut nommé aide de camp de son oncle l'amiral Duperré, alors ministre de la marine ; il occupa ce poste pendant une année, année pleine d'événements. Ce fut à cette époque que les cendres de Napoléon furent ramenés de Sainte-Hélène et que le prince de Joinville fit à l'équipage de la *Belle-Poule* le serment de faire sauter son bâtiment si les Anglais l'attaquaient.

« Les Anglais n'avaient nullement cette pensée mais des bruits de guerre avaient surgi, prenant naissance dans la politique ferme de lord Palmerston et dans les perplexités du gouvernement.

« Le lieutenant Pothuau eut, grâce à ces circonstances, l'avantage d'être initié aux préparatifs d'une grande lutte. Il profita des leçons ministérielles de même qu'il avait profité auparavant de ses études à la mer pendant de longues croisières, et il était compté comme un officier si brillant qu'en 1843, alors qu'il n'avait que vingt-huit ans, il était proposé pour la croix de la Légion d'honneur, distinction moins prodiguée en ce temps qu'elle ne l'a été depuis.

« Une particularité du lieutenant Pothuau c'était de montrer moins d'anglophobie que la moyenne des officiers de la marine française de cette époque.

« Qu'il entrevit avec confiance la revanche de Trafalgar, en cas de guerre, cela se comprend ; mais sa défiance à l'égard de l'Angleterre n'alla jamais jusqu'à l'exaltation du prince de Joinville, qui avait l'habitude de parler à table comme s'il pouvait battre la flotte anglaise d'un tour de main et qui communiquait à la plupart de ses frères d'armes, marins, cette manière de penser.

« Le bon sens et la modestie de M. Pothuau l'empêchèrent de suivre dans cette mauvaise voie l'enfant gâté de la marine française.

« Le prince l'aimait bien, cependant, et en 1846, il obtint pour lui le commandement du yacht royal *la Reine-Amélie*, un honneur qui aurait été le prélude d'une prompte nomination de capitaine de vaisseau et d'une succession non interrompue de promotions, dans la suite, si la monarchie d'Orléans avait duré, mais qui n'avait servi que très peu à M. Pothuau, quand la

République de 1848 vint le relever du commandement de ce navire.

« Il n'obtint pas son grade supérieur ; ce ne fut que plus tard, après avoir été plusieurs fois dépassé par d'autres, qu'il fut nommé, en décembre 1850. Et, comme l'Empire mettait systématiquement de côté tous ceux qui avaient été favorisés par la dynastie d'Orléans, et qui refusaient de dénigrer ensuite ouvertement leurs protecteurs, on eût probablement trouvé un moyen pour lui faire quitter la marine, si sa vaillante conduite pendant la guerre de Crimée n'était venue opportunément le faire excuser de n'être point ingrat.

. . . .

« Cependant ses brillants services n'étaient pas de nature à attirer l'attention publique et ce fut seulement au siège de Paris que l'occasion s'offrit à lui de donner des preuves de ses aptitudes. Là il fit preuve de qualités qui auraient été d'une valeur incalculable pour un général possédant plus d'initiative que Trochu.

« Son énergie fut infatigable et sa fermeté de caractère, pour ainsi dire, contagieuse.

« Les Parisiens étaient étonnés de voir les marins travailler sous ses ordres avec autant de volonté et d'entrain que si la victoire était toujours assurée.

« Aux élections de l'armistice, la ville de Paris le choisit en même temps que l'amiral Saisset pour être un des députés de la Seine... On disait communément dans la capitale que si La Roncière Le Noury, Saisset et Pothuau avaient formé un triumvirat de commandement au lieu de Trochu, Vinoy et Ducrot, le siège aurait pu ne pas finir comme il a fini.

« Quoique le plus autocratique des deux services, la marine française a toujours été plus libérale en politique que l'armée. Cela vient de ce que les officiers de marine sont un corps plus instruit et plus studieux, et aussi de ce fait que les cours n'ont jamais été aussi fréquentées par les militaires que par les marins. La rudesse de caractère de ceux-ci fait que la tendance générale parmi leurs officiers est de pencher plutôt vers les sentiments populaires de la nation.

« Il faut dire aussi que les questions politiques excitent nécessairement moins d'intérêt dans les esprits d'hommes qui passent les deux tiers de leur existence dans des mers lointaines. Tandis qu'ils sont loin de leur patrie, les marins pensent plus à leur pays qu'à leur gouvernement. Rarement appelés à calmer une émeute, ou à favoriser l'arrivée au pouvoir d'un aventurier, ils vivent exempts des passions des partis et n'entretiennent jamais cette méchante haine contre la démocratie, qui est un des maux les plus indéracinables de l'armée.

« Plus d'un jeune aspirant élevé dans des principes catholiques et légitimistes, revient dans sa famille, qui n'en est pas édifiée, avec une admiration mal dissimulée pour les principes de 89.

« Il n'en est pas moins catholique, car les marins ne sont presque jamais des libres-penseurs, mais il préfère la France elle-même à toutes les dynasties du monde et il a le courage de le dire.

« L'amiral Pothuau est un homme politique de cette sorte. Il fut orléaniste par reconnaissance ; il servit l'Empire sans aimer ce régime plus que le restant de la marine ; mais ses opinions politiques sont par-dessus tout pour la France, et s'il y avait à l'Assemblée beaucoup de membres professant un patriotisme aussi absolu, la France pourrait marcher sans craindre d'écueils.

« Il est un autre exemple de ce singulier et irrationnel manque de confiance dans la compétence des marins, si ce n'est pour des postes nautiques, c'est que le nom de l'amiral Pothuau n'a jamais été prononcé à côté des mots présidence ou vice-présidence.

« Cependant si Mac-Mahon, Faidherbe et d'Aumale sont considérés comme des candidats susceptibles d'être élus, pourquoi n'en dit-on pas autant de l'amiral Pothuau, qui est supérieur à deux au moins de ces gentilshommes en intelligence, et qui est égal à tous trois en science politique et en courage.

« Les objections qu'on fait à un président militaire ne seraient point applicables à un marin, car les marins n'ont jamais été réputés pour les *coups d'État*... »

Quoique ce curieux et intéressant article anglais rappelle des faits précédemment cités par nous, nous avons cru devoir le reproduire presque *in-extenso* pour diverses raisons.

Il contient l'opinion toujours bonne à connaître des étrangers sur notre situation; et, si l'on se reporte à la date à laquelle il a paru, on le peut considérer comme une page d'histoire à méditer.

Mais, quelque grand que soit l'éloge, il y a dans cette page des assertions qui doivent être examinées.

Lorsque le rédacteur du *Daily News* déclare que notre marine est plutôt un coûteux ornement qu'un moyen de défense utile, il est permis de répondre, et nous citerons sur ce point l'opinion de l'amiral Pothuau dont le journaliste fait si grand cas.

Au moment où la marine française était l'objet de diverses attaques, parut une brochure anonyme intitulée la *Vérité sur la marine*; cette brochure est l'œuvre de l'amiral Pothuau.

Il s'est donné la tâche, alors qu'on signalait les importants sacrifices que la marine avait subis après la guerre, de rétablir par des chiffres la vérité sur ce point; désireux de voir son budget s'augmenter, il sollicitait des augmentations urgentes et qui étaient alors promises pour l'époque où serait achevée la réorganisation urgente de l'armée.

La marine dont on se plaisait à louer les efforts dévoués pendant la guerre et à reconnaître l'importance pour la défense des grands intérêts du pays ne pouvait que gagner à voir sa cause soutenue avec la plus complète exactitude.

La brochure constatait ce qui s'était fait pour la marine depuis 1871; et si en 1872 le budget n'avait pas atteint un chiffre normal, c'est que, en 1872, il ne pouvait être question d'une nouvelle guerre pour la France ; il fallait beaucoup donner à l'armée où tout était à reconstituer, songer aux travaux publics qui avaient beaucoup souffert, libérer le territoire, payer les énormes dépenses de la guerre et réparer nos désastres matériels.

Cependant en dépit de ces circonstances le département de la marine avait obtenu de commencer, lui aussi, sa réorganisation.

L'amiral, entrant dans tous les détails techniques, prouvait aisément que son administration avait fait tout ce qu'il était possible de faire pour la flotte et pour les marins ; et il n'a pas dépendu de lui que l'on n'allât plus vite en besogne.

Chacun rend hommage aux efforts qu'il fit durant son ministère.

Nous aurons à dire plus loin de quelle façon le nom de l'amiral Pothuau fut prononcé, contrairement à ce qu'a déclaré l'écrivain anglais, quand il s'est agi d'une élection à la présidence.

Qu'il nous suffise en ce moment de dire que, une fois mêlé à la vie publique, l'amiral s'associa franchement à la politique de M. Thiers et lui prêta, dans toutes les questions traitées devant l'Assemblée, un concours loyal et dévoué.

CHAPITRE IX

SOMMAIRE

Chute de M. Thiers. — Retraite de son ministère. — Élection du maréchal de Mac-Mahon. — Tentatives réactionnaires. — Nomination des sénateurs inamovibles. — Dissolution de l'Assemblée de Versailles. — Rôle de l'amiral au Sénat. — Sa lutte contre le ministère de Broglie. — Les élections de 1877. — Mort de M. Thiers. — Ses funérailles. — Discours prononcé par l'amiral Pothuau sur sa tombe.

Au mois de mai 1873 le ministère de M. Thiers dut donner sa démission dans des circonstances qu'il importe de rappeler.

Le 27 avril avait eu lieu à Paris une élection législative, et M. Barodet, maire de Lyon, candidat radical, l'avait emporté à une grande majorité sur M. de Rémusat, ministre des affaires étrangères, vieil ami de M. Thiers, converti comme lui à l'idée de la République nécessaire. La réaction profita de cette faute commise par les électeurs parisiens.

Les représentants des partis monarchiques s'efforcèrent d'effrayer le pays en lui représentant comme prochain le triomphe du radicalisme.

Les journaux bonapartistes et légitimistes accablèrent d'outrages M. Thiers et demandèrent le renversement de celui qu'ils nommaient un sinistre vieillard. M. Thiers répondit à ces attaques par une résolution énergique. Son chef de cabinet, M. Dufaure, après avoir déposé les projets de lois relatifs à l'organisation des pouvoirs publics, établit dans l'exposé des motifs l'urgence d'installer un gouvernement définitif et affirma que l'état de la France ne comportait d'autre régime possible que celui de la République.

Cela était une rupture ouverte avec les

droites de l'Assemblée de Versailles ; MM. de Broglie et Ernoul menèrent énergiquement la campagne réactionnaire et proposèrent un ordre du jour déclarant qu'il importait de rassurer le pays en faisant prévaloir une politique résolument conservatrice. Cet ordre du jour fut voté à une majorité de seize voix, grâce à la défection de M. Target et de quelques uns de ses amis qui se détachèrent du centre gauche.

A l'ouverture de la séance de nuit qui suivit ce vote, un message de M. Thiers fut remis au président de la Chambre. Il contenait purement et simplement sa démission et celle de son cabinet.

Le maréchal de Mac-Mahon fut alors élu président de la République ; le ministère de Broglie s'installa aux affaires et l'amiral Pothuau fut remplacé à la marine par le vice-amiral Dompierre d'Hornoy.

Fort souffrant par suite des fatigues de son ministère, l'amiral Pothuau alla prendre à Cauterets quelques jours d'un repos bien mérité ;

à son retour, il fit partie de la commission du budget et rédigea en faveur de la marine un rapport qui fit sensation, et dans lequel il plaida si chaleureusement la cause des services par lui dirigés autrefois, qu'il obtint des augmentations importantes et des améliorations pour les différents corps de la marine.

M. Pothuau ne cessa pas, pendant tout le temps que dura l'Assemblée nationale, de prendre une part active aux travaux parlementaires.

Il fut de ceux qui, malgré la gravité des circonstances, ne désespérèrent pas du salut de la République. L'affection du pays récompensa l'ami fidèle de M. Thiers vers qui allaient toutes les espérances de la France républicaine et qui avait su mener à bien la grande œuvre de la libération du territoire.

Après l'avortement des tentatives de fusion et de restauration, la Chambre de Versailles, sur le point de se dissoudre enfin, procéda, en décembre 1875, à l'élection de soixante-quinze sénateurs inamovibles que lui avait réservée la loi sur le Sénat.

Le résultat de cette élection fut inattendu. Les droites se croyaient certaines du succès et manifestaient hautement leur joie à l'avance, s'attribuant soixante-deux sièges, n'en laissant que treize au libre choix des votants. Grâce à l'union compacte des gauches et à l'adjonction de quelques membres de l'extrême droite, soixante-sept candidats républicains furent nommés et l'amiral Pothuau, jouissant de l'estime universelle, figura le huitième sur la liste des sénateurs inamovibles. Il se montra fier de cet hommage que lui rendirent ses collègues, et depuis lors ne cessa de siéger au Sénat parmi le centre gauche.

Il était réservé à l'année 1876 d'inaugurer le fonctionnement complet et régulier de la nouvelle constitution républicaine.

Les élections sénatoriales du 30 janvier divisèrent en deux fractions à peu près égales les partis de la Chambre haute, mais les élections législatives du 20 février furent pour les républicains une victoire éclatante. Le ministère se trouva modifié dans le sens libéral.

Nous n'avons pas à retracer ici les événements politiques de cette époque. Qu'il nous suffise de rappeler le rôle joué par M. Gambetta en 1877 et l'attitude du parti républicain au Sénat. Lorsque le ministère de Broglie crut devoir dissoudre la Chambre « qui n'avait pas sa confiance », les sénateurs des gauches tinrent vigoureusement en échec ces politiques néfastes qui avaient la prétention de tout remettre en question et de faire marcher la France.

L'amiral Pothuau se montra un des plus résolus et favorisa de toutes ses forces le grand mouvement de résistance du pays. Il joua alors au Sénat un rôle considérable. Après avoir donné la preuve de ses connaissances spéciales dans la discussion de la loi relative à l'administration de l'armée et prononcé à ce sujet un remarquable discours, il se multiplia dans les réunions, dans les groupes, se montrant un des plus fervents soutiens de la cause républicaine, un adversaire implacable de la réaction. Il fut un de ceux qui certainement contribuèrent le plus à contraindre le maréchal à rester dans la voie parlementaire, et ne ménagea ni ses forces ni son influence.

Au moment de la lutte électorale, alors que les partisans des monarchies déchues supprimaient la presse et s'efforçaient de faire revivre les beaux jours des candidatures officielles, M. Thiers mourut soudain le 2 septembre 1877.

L'amiral Pothuau, en qualité d'ami personnel de M. Thiers, de collaborateur dévoué à sa politique, fut désigné pour tenir un des cordons du poêle, par madame Thiers, digne compagne de l'illustre homme d'État, et que la douleur d'une aussi grande perte ne devait pas tarder à conduire au tombeau. Avec l'amiral, M. Jules Grévy, aujourd'hui président de la République, et MM. de Sacy, Vuitry, de Cissey et Jules Simon entouraient le char funèbre attelé de six chevaux richement caparaçonnés, tenus par des piqueurs. Ce char disparaissait littéralement sous les couronnes, les guirlandes et les bouquets de fleurs.

Quand le cortège fut arrivé au Père-Lachaise et que le cercueil eut été placé à l'entrée du caveau de famille, M. Grévy prit le premier la parole. On attendait curieusement le discours de l'ancien président de nos assemblées républicaines ; on l'accueillit avec une sympathie chaleureuse. Sans le respect de la tombe, dit alors le *Journal des Débats*, les applaudissements auraient éclaté à certains passages caractéristiques de ce discours qui semblait un manifeste véritable, manifeste de haute et ferme raison, déclarations républicaines, sobres, graves, pleines de choses qui retentirent dans le pays en le rassurant.

M. l'amiral Pothuau prit la parole après M. Grévy.

M. l'amiral Pothuau y avait consenti à la dernière heure. Il n'avait donc pu songer à préparer un très long discours ; mais nous eussions regretté qu'il n'eût point fait entendre ces brèves paroles, généreuses, touchantes, expression d'un caractère distingué, militaire, vraiment loyal.

Cette appréciation ne paraîtra point trop louangeuse, quand on aura lu le discours que nous sommes heureux de reproduire. L'amiral Pothuau s'exprima en ces termes :

« Messieurs,

« L'éloquent discours que vous venez d'entendre a rappelé la longue carrière du grand citoyen que la France a perdu et que nous pleurons tous.

« Il a retracé les puissantes et exceptionnelles facultés de l'illustre défunt.

« Il vous a parlé des services qu'il a rendus à son pays, depuis près de cinquante ans, dans la politique et dans toutes les branches de l'administration, où, à bien des reprises différentes, grâce à sa rare intelligence et à son travail persévérant, il a occupé les plus hauts emplois.

« Tout cela, en effet, est une grande justice à lui rendre ; mais, ce qui a également contribué à donner à son nom une légitime popularité, c'est l'attention soutenue que son patriotisme vigilant lui a fait consacrer à tout ce qui concerne l'organisation de notre armée. Sous ce rapport, il avait su acquérir une compétence vraiment extraordinaire, et qui étonnait souvent des hommes dont la carrière des armes est la profession.

« Ce qui l'avait merveilleusement préparé à l'étude de la science militaire, ce sont les travaux si étendus et si remarquables auxquels il s'était livré, sous la Restauration et sous la monarchie de 1830, pour la description de nos immortelles campagnes de la République et de l'Empire. Qui de nous, messieurs, n'a lu avec enthousiasme ces récits qui sont faits, on le sent, sous l'impulsion du patriotisme le plus pur, en même temps qu'avec une érudition toute spéciale, et que l'on était surpris, à bon droit, de rencontrer chez un homme dont la vie paraissait surtout vouée à la politique et à la haute administration.

« Dans toutes les occasions où il s'agit de l'armée, elle n'a jamais eu un plus éloquent et plus convaincu défenseur de ses intérêts que M. Thiers.

« C'est à lui que l'on doit les fortifications de Paris, qui ont pu, dans nos récents malheurs, arrêter l'ennemi et permettre à la France de tenter un dernier et héroïque effort.

« Après la guerre de 1870 et 1871, la France, soucieuse de ses intérêts vitaux, ne s'y trompa pas ; elle fut droit à lui et lui confia ses destinées.

« Heureuse inspiration qui ne fut pas soutenue assez longtemps hélas ! pour lui permettre de présider à l'achèvement de son œuvre !

« Ceux qui l'ont vu de près pendant son gouvernement, sont restés émerveillés de sa prodigieuse activité, de son zèle infatigable et des ressources de son esprit lorsqu'il s'agissait en quelque sorte de tout refaire pour la reconstitution de notre armée, pour l'avenir des forces militaires et navales de notre pays, et qu'en même temps il y avait à s'occuper de la libération du territoire. A son âge déjà bien avancé, il nous stimulait tous ; et c'est ainsi qu'il est parvenu, au bout de quelques mois, à redonner à la France une armée.

« Chacun se rappelle la part qu'il a prise aux intéressantes discussions qui ont eu lieu à l'Assemblée nationale, au sujet de sa réorganisation.

« Mais ce qui prouve bien que cette sollicitude pour nos intérêts militaires ne s'est jamais ralentie chez lui ; c'est son active intervention, il y a peu de mois, dans la question si importante du recrutement de l'armée.

« Sa santé si vigoureuse jusque-là a eu de la peine à résister à des séances de commission nombreuses, longues et souvent passionnées. Il est certain que les germes d'une véritable fatigue, non pas intellectuelle, mais physique, n'ont commencé à se manifester chez lui qu'à ce moment-là.

« Mais c'est à peine s'il y prenait garde, tant étaient profonds et enracinés son amour du travail et son dévouement aux intérêts du pays.

« Noble exemple qu'à donné ce grand homme à notre génération : celui d'un travail de chaque jour, commençant à l'aube pour ne se terminer que le soir ; et cela sans interruption depuis plus de soixante ans !

« Il en reçoit aujourd'hui, messieurs, l'éclatante récompense !

« On sent, à voir cet immense concours de la nation qui entoure son cercueil et qui nous émeut profondément, que si le grand parti républicain auquel appartenait M. Thiers et dont il était le chef, déplore la perte qu'il vient de faire, M. Thiers est en même temps regretté par la France entière comme son plus illustre citoyen. »

L'opinion publique, en France et à l'étranger, s'accorda à reconnaître que les discours prononcés sur la tombe de M. Thiers étaient inspirés par le sentiment profond et juste de l'immensité de la perte que le pays venait de faire, et l'on voit avec quelle émotion et quelle sincérité M. l'amiral Pothuau sut apprécier le réorganisateur de nos armées.

Mais cette allocution avait une importance autre dans les circonstances où elle fut faite. On sait qu'à cette époque, au mois de septembre 1877, le gouvernement de l'ordre moral s'efforçait de s'emparer de la France, de détruire la liberté et de renverser une fois encore la République. La disparition subite de M. Thiers semblait devoir favoriser les coupables entreprises des hommes de la réaction.

On était au lendemain de la brusque dissolution de la Chambre et à la veille des élections générales ; les 363 députés républicains, unis, formant une phalange serrée, allaient, forts de leurs droits, se présenter devant les électeurs.

Il importait de dire sur la tombe de M. Thiers ce que pensaient les amis de la liberté, ce que résuma si admirablement M. Grévy en ces quelques mots :

« ... M. Thiers n'hésita point à déclarer solennellement, et il répétait encore quelques jours avant de mourir que *la République est le seul gouvernement possible en France.*

«... C'est à M. Thiers que la République doit en grande partie d'avoir conquis la confiante adhésion de la France, comme c'est à lui qu'elle doit d'avoir convaincu l'Europe qu'elle est un gouvernement d'ordre et de paix.

«... Fondation de la République, relèvement de la France : tels sont les deux grands services que M. Thiers a eu le bonheur de rendre à son pays ; tels seront ses plus beaux titres aux yeux de la postérité.

« C'est par eux que sa mémoire sera immortelle, et la reconnaissance du peuple français impérissable.

«... Appliquons-nous à montrer, comme lui, que la République est un gouvernement d'ordre, de paix et de liberté, le seul gouvernement conservateur dans notre pays et dans notre temps, parce que seul il est approprié à nos intérêts, à nos besoins, à notre état social. »

Ces sages paroles furent couvertes par des murmures approbateurs qui se seraient changés en applaudissements enthousiastes si elles n'avaient pas été prononcées dans un cimetière. On en comprend la portée, l'on comprend aussi combien il était utile qu'un homme comme l'amiral Pothuau vînt après M. Grévy rendre hommage au chef du parti républicain, et reconnaître que M. Thiers avait été non seulement le libérateur du territoire, mais encore le chef du parti politique qu'il entendait suivre, à qui appartenait sa foi.

Fidèle à ses amitiés, fidèle à ses principes, fidèle à ses croyances, tel a toujours été en effet l'honorable amiral.

Son discours reproduit par un grand nombre de journaux de Paris et de la province, fut donc un de ceux qui eurent le plus de poids à cette époque et rendirent le plus efficacement service à la cause républicaine.

CHAPITRE X

SOMMAIRE

Second ministère de l'amiral Pothuau (15 décembre 1877 — février 1879). — Instructions aux chefs d'escadres. — Amélioration du sort des employés et ouvriers des ports et des arsenaux. — Nomination de commissions chargées d'étudier les questions concernant la marine et les colonies. — Les rapports de M. Lamy. — Réformes faites. — L'exposition universelle. — Les élections sénatoriales de 1879. — Retraite du maréchal de Mac-Mahon et du ministère Dufaure. — L'amiral Pothuau est nommé ambassadeur de France à Londres. — Mort de madame Pothuau. — L'amiral est nommé grand-croix de la Légion d'honneur. — Son retour de Londres. — Le port Pothuau. — La médaille militaire. — Médaille offerte par les ouvriers de Brest. — Conclusion.

Le résultat des élections du mois d'octobre 1877 témoigna si vivement l'attachement du pays pour la République, que, après des hésitations et des tentatives vaines, le maréchal de Mac-Mahon se résigna à rentrer dans son rôle constitutionnel. Cédant au grand mouvement de l'opinion publique il appela M. Dufaure et lui laissa le champ libre pour le choix de ses collaborateurs et pour la rédaction du message annonçant son revirement. M. Dufaure choisit ses collaborateurs dans le centre gauche et dans la gauche du Sénat et de la Chambre. M. Waddington eut le portefeuille des affaires étrangères, M. Bardoux celui de l'instruction publique, et l'amiral Pothuau revint pour la seconde fois au ministère de la marine, le 15 décembre 1877.

Avant de résumer l'œuvre de ce ministère libéral composé d'honnêtes gens, il nous faut énumérer les actes de M. l'amiral Pothuau.

Un de ses premiers soins, lorsqu'il reprit la direction du département de la marine et des colonies, fut de donner aux chefs de service placés sous ses ordres des instructions traçant la ligne de conduite que devaient suivre tous les fonctionnaires en présence du nouveau message du président de la République.

La circulaire que l'amiral adressa à cet effet aux gouverneurs et commandants des colonies, le 5 janvier 1878, doit être citée. Elle est empreinte à la fois d'une grande fermeté et d'un grand esprit de conciliation.

Il s'employa sans retard à donner une vive impulsion à tous les services et notamment aux travaux de l'artillerie et des constructions navales. Dans ce but et afin d'améliorer le sort des ouvriers, des employés des forts et des arsenaux, l'amiral décida qu'une augmentation de salaires serait accordée à ces derniers en même temps qu'on chercherait à élever les tarifs de solde de tous les corps de la marine. Il obtint des Chambres les crédits nécessaires.

Il s'occupa aussi sans délai de la revision du projet de budget de l'exercice 1878 préparé par son prédécesseur et sollicita d'importantes augmentations de crédits. L'amélioration des soldes votées en février 1878 à titre de crédits additionnels était attendue par tous les corps de la marine depuis plus d'un an; aussi fut-elle accueillie avec une très vive satisfaction et un sentiment de profonde reconnaissance pour le ministre. En même temps des crédits supplémentaires furent accordés pour les armements extraordinaires d'Orient, nécessités par la guerre qui avait lieu entre la Russie et la Turquie. Ces armements furent ordonnés de manière à ce qu'aucun intérêt français n'eût à en souffrir.

A l'occasion de la discussion de ce budget, l'amiral Pothuau eut à répondre à un long discours de M. Lamy qui, après avoir fait un sombre tableau de la situation de notre marine, demandait qu'on votât une enquête sur les différents services de ce département.

Le ministre n'eut pas de peine à prouver que rien ne justifiait de semblables craintes et une semblable mesure. Il repoussa énergiquement l'enquête, déclarant qu'elle n'était pas justifiée, qu'elle serait plus nuisible qu'utile, et il consentit seulement à faire examiner par une commission mixte, par lui désignée, et dont il tracerait lui-même le programme pour les questions réellement importantes à y traiter.

Cette commission fut nommée par une décision du président de la République en date du 28 mai 1878 et ses délégués furent envoyés dans les ports. L'amiral en choisit les membres de manière à ce que tous les intérêts fussent étudiés et représentés avec compétence.

Quelques mois plus tard, l'amiral Pothuau voulant également que les questions relatives à nos colonies fussent l'objet d'une étude approfondie, nomma une autre commission chargée de les examiner.

Il fit entrer dans cette commission tous les sénateurs et les députés des colonies et leur adjoignit des officiers généraux, des administrateurs et des notabilités qui, par leur aptitude et leur expérience, paraissaient les plus capables à donner aux questions à résoudre les solutions les meilleures.

Déjà des commissions spéciales avaient été chargées d'étudier le régime militaire à appliquer aux colonies et le système de défense à adopter pour les protéger.

On peut donc dire que l'amiral Pothuau aura été l'initiateur d'études importantes embrassant les principaux services de la marine et des colonies, d'études qui, en même temps qu'elles ont fait la lumière sur bien des points, ont été fécondes en résultats heureux.

La discussion du budget de l'exercice 1879 fut précédée d'un volumineux rapport (qualifié avec raison de *monument*) dans lequel M. Lamy développant très longuement les critiques qu'il avait déjà formulées l'année précédente, s'efforça de prouver que le personnel de la marine s'était démesurément accru au détriment du matériel, que nos constructions navales marchaient trop lentement et nous coûtaient plus cher que celles exécutées par l'industrie, etc...

Quoique ce rapport n'eut été publié que trois ou quatre jours avant l'ouverture de la discussion à laquelle il devait donner lieu, l'amiral Pothuau se trouva prêt à y répondre et y répondit victorieusement.

Après avoir fait ressortir qu'il était téméraire peut-être de critiquer avec passion un fonctionnement qui, depuis plus de soixante ans, avait rendu tant de services, il repoussa avec énergie les reproches adressés à la marine et rappela avec chaleur et conviction comment le pays l'avait trouvée prête toutes les fois qu'il avait eu besoin d'elle. Il lui fut facile de réduire à néant, au moyen de chiffres impossibles à réfuter, les attaques violentes et injustifiées de M. Lamy concernant nos constructions navales, notre artillerie et l'état de nos forces maritimes.

La Chambre donna gain de cause au ministre qui consacrait toutes ses forces, toute son énergie à l'extension de notre puissance maritime et à l'amélioration du sort des marins.

De son administration date la réorganisation des pilotes brevetés, celles de la flotte et des écoles de pilotes, celle des écoles régimentaires, du corps des pompiers, des timoniers brevetés, de l'école de pyrotechnie.

Les corps du commissariat et de l'inspection furent également l'objet de modifications utiles touchant la proposition des cadres des grades inférieurs et leur recrutement. Mais ce sont surtout les divers corps composant le personnel administratif secondaire de la marine dont l'amiral Pothuau a amélioré la situation en faisant cesser les disparates qui existaient entre eux et en leur accordant tout à la fois des chances meilleures d'avancement et des soldes plus élevées.

L'administration centrale fut aussi l'objet de sa sollicitude. Sa réorganisation offrit plus de garanties au recrutement, et un supplément de crédit fut demandé pour augmenter le traitement des fonctionnaires et des commis.

Le personnel de surveillance des prisons maritimes fut militarisé. Le ministre décida que les manuels nécessaires à l'instruction professionnelle des marins des équipages de la flotte, dont la valeur était imputée sur la solde, seraient délivrés gratuitement.

C'est sous le ministère Pothuau que fut publiée la nouvelle tactique navale.

Enfin l'amiral, aussitôt après le vote de la loi augmentant les retraites des officiers et assimilés de l'armée de terre, déposa à la Chambre des députés un projet destiné à faire appliquer à partir de la même date des avantages semblables aux officiers et assimilés de l'armée de mer, projet complété par une proposition ayant pour objet d'améliorer les retraites des officiers mariniers, sous-officiers, marins et soldats relevant du département de la marine,

Aux colonies, le ministre créa une caisse d'épargne pour les services pénitentiaires de la Nouvelle-Calédonie dont il réorganisa l'administration, ainsi qu'à la Guyane française.

Il appliqua à la Martinique, à la Guadeloupe et à la Réunion la loi du 6 juin 1868 sur les réunions publiques. Il réorganisa la justice dans les établissements de la Côte d'Or et du Gabon;

institua un conseil général à la Guyane, réorganisa des conseils électifs dans les établissements français de l'Inde.

C'est sous son ministère que l'île Saint-Barthélemy a été rétrocédée à la France et érigée en commune dépendant de la Guadeloupe; que Pondichéry a été mis en mesure de construire un chemin de fer, et, qu'à la même époque on vit avec succès une expédition dans le haut du fleuve au Sénégal qui, très énergiquement conduite, d'après les indications du gouverneur colonel Brière de l'Isle, permit d'obtenir rapidement le résultat qu'on en attendait.

A peine cette heureuse nouvelle était-elle connue qu'une épidémie de fièvre jaune des plus graves éclata dans notre colonie du Sénégal; mais, grâce aux mesures prises, à la promptitude des secours envoyés de France et au dévouement sans bornes du corps de santé de la marine, qui paya à la maladie un large tribut, l'épidémie put être circonscrite et ses terribles effets conjurés en peu de temps.

Un fait important signala l'année 1879. L'insurrection des Canaques éclata de la manière la plus imprévue en Nouvelle-Calédonie.

L'amiral Pothuau envoya immédiatement de France et des colonies les plus rapprochées des renforts de troupes. Au moment où il quitta le ministère, l'insurrection était depuis quelque temps déjà complètement réprimée; et c'est un fait digne de remarque que la tranquillité ait pu être rétablie dans cette colonie en un aussi court espace de temps.

Enfin l'amiral prépara le projet de budget pour l'année 1880, ne cessant de plaider la cause des matelots; et afin de donner satisfaction à un vœu des Chambres, il nomma dans les derniers mois de son ministère, une commission chargée de préparer des projets de lois organiques destinées à remplacer les décrets qui régissaient les divers corps de la marine et déterminaient leurs cadres.

Pendant plus d'une année que dura le second ministère de l'amiral Pothuau, les plus utiles réformes s'accomplirent. Le ministre fut aidé dans sa tâche par son chef de cabinet, le vice-amiral Krantz, et par son secrétaire particulier, M. Santelli, au zèle infatigable et au dévouement desquels il importe de rendre hautement justice (1).

Le ministère Dufaure, qui fut le dernier ministère du maréchal de Mac-Mahon, était composé d'honnêtes gens, convaincus que de l'existence de la République dépendaient le salut et la grandeur de la France, et qui mirent au service de

---

1. L'état major de l'Amiral, pendant son second ministère, était constitué comme suit :

MM. le vice-amiral Krantz, chef d'état major ;
    Santelli, commissaire de la marine, secrétaire particulier ;
    West, capitaine de frégate, aide de camp ;
    Humann, capitaine de frégate, aide de camp ;
    Communal, lieutenant de vaisseau, officier d'ordonnance ;
    de Maigré, lieutenant de vaisseau, officier d'ordonnance ;
    Jauréguiberry, lieutenant de vaisseau, officier d'ordonnance ;
    de la Roque, capitaine d'artillerie, officier d'ordonnance ;
    Sériot, capitaine d'infanterie, officier d'ordonnance.

leur pays toute leur intelligence, leur pratique des affaires : les services par eux rendus ne se sauraient oublier. L'amiral trouva l'occasion de faire preuve d'un rare désintéressement; n'ayant pu, à cause de la maladie de sa fille, dépenser la somme de 100,000 francs, allouée par les Chambres pour frais de représentations pendant l'Exposition universelle, il crut qu'il était de son devoir de laisser au Trésor la partie non dépensée; et il fit ainsi l'abandon de 30,000 francs, quoique cette somme pût être considérée comme légitimement acquise.

Ce ministère eut l'honneur de présider à l'exposition universelle, qui marque la date du complet relèvement de la patrie. On peut ajouter que son heureuse administration eut une grande influence sur les élections sénatoriales qui se firent au commencement de l'année 1879. La confiance qu'une politique sage, ferme et prévoyante avait inspirée à la nation, eut pour résultat ces remarquables élections de janvier 1879, qui, en déplaçant la majorité au Sénat et en la faisant passer du côté de la République, établirent l'accord entre les deux Chambres.

A la suite de ces élections nécessitées par le renouvellement partiel, soixante-six sénateurs républicains entrèrent au Sénat, assurant aux gauches réunies une majorité de quarante à quarante-cinq voix.

Sur quatre-vingt-deux élections, les partis de droite n'avaient obtenu que seize sièges et les représentants les plus notables des idées monarchiques s'étaient vu évincer dans certains départements qui passaient pour les plus hostiles à la République.

Privé de l'appui de la majorité réactionnaire du Sénat, le maréchal de Mac-Mahon comprit que le suffrage au second degré voulait ce que voulait le suffrage universel, et il donna sa démission à l'occasion du renouvellement de quelques commandants de corps d'armée dont il refusa de signer la révocation légale.

Le 30 janvier 1879, les députés et les sénateurs réunis en congrès, en Assemblée nationale, nommèrent solennellement M. Jules Grévy président de la République. La crise présidentielle eut pour épilogue une courte crise ministérielle. M. Dufaure, arguant de son grand âge et de son besoin de repos, résolut de quitter le pouvoir. M. le président Grévy chargea alors M. Waddington de composer un cabinet, qui fut formé dès le lendemain.

Le vice amiral Pothuau, ministre de la marine, ne crut pas pouvoir, malgré les plus pressantes sollicitations, conserver son portefeuille dans le nouveau cabinet formé sous la présidence de M. Waddington.

Mêlé aux affaires publiques depuis plusieurs années, l'honorable amiral pensa, en suivant M. Dufaure dans sa retraite, que le moment était favorable pour lui de prendre un repos qui lui était devenu nécessaire. Ce fut là le motif principal de son refus.

En vain le président de la République le pria à diverses reprises de conserver son portefeuille, il crut devoir persister dans sa résolution et désigna lui-même son successeur, l'honorable amiral Jauréguiberry, son ami qui s'est illustré à l'armée de la Loire.

Un peu plus tard, l'amiral Pothuau fut appelé à l'ambassade de France à Londres. Dans ce poste important, il continua à rendre des services signalés à son pays et à prouver son attachement au président Grévy, pour lequel il n'a cessé d'avoir un réel dévouement et de professer les sentiments de la plus haute estime.

L'amiral rencontra en Angleterre une universelle sympathie. La grâce et la simplicité de ses manières, son affabilité, sa parfaite connaissance de la langue et des coutumes anglaises firent que ce marin illustre conquit vite beaucoup d'adhérents, beaucoup d'amis.

Il avait à Londres les plus hautes, les plus belles relations, et représentait la France comme elle devait être représentée, avec dignité et avec grandeur.

Il s'y occupa de questions spéciales relatives à la côte occidentale d'Afrique, à la pêche de

Terre-Neuve, etc, donnant la preuve dans ces affaires diverses, de sa compétence habituelle.

L'amiral n'était que depuis peu de temps à son poste lorsqu'un épouvantable malheur le frappa. Sa jeune femme mourut presque subitement, emportée en quelques jours par un mal inattendu. Il eut à peine le temps de revenir pour recevoir son dernier soupir. Madame Pothuau mourait victime de son dévouement aux siens.

Cette Parisienne élégante, cette jeune femme du monde, instruite, spirituelle, aimable autant que sérieuse, avait avant tout le culte et l'amour de la famille. Sa vie se partageait entre son mari, son père, son fils et sa fille qu'elle disputa à la mort durant une longue maladie dans laquelle elle épuisa ses forces. La fille de madame Pothuau était à peine rétablie lorsque son père succomba. Elle l'avait veillé pendant de longues nuits, lui donnant ce qui lui restait de vie. On l'enterra quinze jours après son père bien-aimé.

Une foule considérable accompagna ses funérailles. En dépit de toutes les consolations qui lui furent prodiguées, des marques d'estime et d'affection qu'on lui témoigna, l'amiral Pothuau fut en quelque sorte vaincu par sa douleur.

Il ne retrouva son énergie que lorsqu'il lui fallut regagner son poste. Il s'était courageusement remis au travail, espérant y trouver un soulagement à son chagrin ; malheureusement on prétexta des nécessités politiques pour le rappeler à Paris, et on lui donna comme successeur M. Léon Say.

L'amiral laissa en Angleterre d'unanimes regrets. Il fut élevé à la dignité de grand-croix de la Légion d'honneur et on lui offrit comme compensation la grande chancellerie de la Légion d'honneur. Mais le général Vinoy était encore chancelier à cette époque, et l'amiral ne crut pas qu'il lui fût permis de remplacer de la sorte un de ses anciens compagnons d'armes, un soldat qui avait toujours honorablement servi son pays.

Voici, d'ailleurs, en quels termes l'amiral répondit par un télégramme chiffré à la proposition qui lui était faite par M. de Freycinet, alors président du conseil des ministres :

« Le général Vinoy est un vieux soldat qui a toujours bien fait son devoir et qu'il faut laisser mourir à son poste. Quant à moi, qui ai servi sous ses ordres pendant le siège de Paris et qui lui ai des obligations personnelles, je ne saurais aspirer à prendre sa place. Veuillez offrir mes excuses au président de la République et à vos collègues du ministère de ne pouvoir accepter le beau poste si envié de la Légion d'honneur, ainsi que tous mes remerciements. »

Ce refus l'honore. C'est un beau trait à ajouter à une existence si pleine de belles actions. Des avantages considérables sont attachés à la grande chancellerie ; elle est une des plus hautes dignités de la République. En la refusant, l'amiral donna une fois de plus la preuve de son désintéressement et de sa grandeur d'âme.

La grande chancellerie de la Légion d'honneur est une place enviable à tous les points de vue.

Ainsi il n'y a aucune défaillance dans cette

longue et magnifique carrière tout entière consacrée au devoir.

L'estime publique a récompensé l'amiral Pothuau dont le nom a été prononcé sérieusement lorsqu'il s'est agi de remplacer à la présidence le maréchal de Mac-Mahon. Ceux qui le mettaient de la sorte en avant savaient à quel caractère, à quel cœur droit et généreux ils avaient affaire. Là comme partout, l'amiral eût prouvé avec éclat son dévouement et son affection pour la France, son intelligence hors ligne.

De retour à Paris, il reprit au Sénat ses travaux parlementaires et s'y adonna avec son assiduité habituelle.

Lorsque le ministère Jules Ferry se constitua, on songea de nouveau à lui offrir le portefeuille de la marine, et le Président de la République ainsi que le Président du Conseil employèrent les plus vives instances pour le décider à occuper une troisième fois le poste où il s'était distingué de toute manière. La presse appuya énergiquement ces démarches

« Le successeur indiqué de M. Juréguiberry, écrivirent alors les journaux, dans le cas où l'honorable amiral se déciderait à abandonner le ministère, ce successeur est, de l'avis unanime de la marine, M. l'amiral Pothuau.

« Nous savons toutes les difficultés que l'on rencontre pour organiser notre force navale, qu'il s'agisse du personnel où du matériel ; il a pu l'étudier dans un temps où tout manquait, argent, approvisionnements, où nos marins avaient pu oublier le métier de la mer, au milieu des opérations de nos armées ; c'était là que parmi tant de braves sortis des rangs de la flotte, l'amiral Pothuau avait su conquérir entre tous ce titre de brave. Pendant près de deux ans et demi une première fois la marine l'a vu à l'œuvre, aux prises avec un budget dont il avait dû, par dévouement patriotique, accepter une réduction momentanée, développant les écoles, ces pépinières de nos spécialités, créant de toutes pièces le nouveau programme de la flotte correspondant à l'état maritime réduit que nous permettait notre situation financière. Les nouveaux navires construits sur ce programme commencent actuellement à sortir de nos chantiers, et, mieux que tout autre, l'amiral Pothuau peut poursuivre l'achèvement de cette flotte nouvelle dont il a conçu le projet d'ensemble.

« Il faut à la marine un ministre qui puisse rester longtemps à la tête des affaires, et ceci non seulement pour la marine de guerre, mais encore pour la marine marchande qui a besoin qu'on se préoccupe de ses intérêts en détresse.

« Il faut que ce ministre soit sûr de trouver d'avance dans le Parlement, et, ce qui est plus difficile encore, d'y conserver l'appui d'une grande majorité. A ce titre encore, M. l'amiral Pothuau se trouve tout désigné par la situation qu'il avait acquise dans l'ancienne Assemblée et qu'il a su garder dans le Parlement actuel pendant son second ministère. »

En dépit de ces sollicitations et des plus instantes prières, l'amiral refusa absolument de rentrer aux affaires tant pour différentes considérations politiques qu'à cause de l'état de sa santé compromise par sa trop grande assiduité au travail.

A la fin de l'année 1881, au moment où il allait atteindre l'âge de soixante-cinq ans, ses services durent être examinés pour savoir s'il devait être maintenu dans la première section du cadre de l'état-major général. L'amiral Cloué, alors ministre de la marine, posa la question au conseil des ministres. Sa tâche ne fut pas difficile, car, à peine eut-il exposé à ses collègues de quoi il s'agissait, que ceux-ci, à l'unanimité, comme par acclamation, déclarèrent que si un offfcier général de la marine avait mérité d'être conservé sur le cadre d'activité pour les services importants rendus pendant la guerre, c'était assurément l'amiral Pothuau.

On ne peut imaginer rien de plus flatteur que cette décision prise avec une pareille unanimité.

Peu de temps après M. Pothuau tomba gravement malade et se trouva dans l'obligation de s'éloigner momentanément des affaires publiques.

En 1881 eut lieu le renouvellement de la Chambre qui amena aux affaires le ministère Gambetta.

Un des premiers actes du nouveau ministre de la marine, M. Gougeard, fut de témoigner en quelle estime il tenait les services rendus au pays par l'ancien ministre de M. Thiers.

Il adressa au président de la République le rapport suivant :

« Monsieur le président,

« Les Salins d'Hyères, grâce aux travaux considérables entrepris par la marine sous le ministère de M. l'amiral Pothuau, sont devenus aujourd'hui un port d'un accès facile et un centre de ravitaillement commode pour nos bâtiments de guerre.

« La marine tout entière verrait avec plaisir,

monsieur le Président, que ce port portât le nom de l'éminent officier général qui a pris l'initiative de sa création. J'ai en conséquence l'honneur de vous proposer de vouloir bien décider que le port des Salins d'Hyères s'appellera désormais Port Pothuau.

« Je vous prie d'agréer.....

« *Le ministre de la marine,*
« *Signé :* GOUGEARD. »

Un décret fut aussitôt rendu et publié à l'*Officiel*. Le ministre de la marine, en envoyant à l'amiral le rapport qui précède, lui écrivit en ces termes.

« Mon cher Amiral,

« C'est avec une émotion bien vive et que vous comprendrez que je vous transmets le décret ci-joint. Certes vous avez assez fait pour que l'histoire recueille votre nom et qu'elle le place dans un rang élevé parmi ceux qui ont aimé et servi leur pays.

« J'ai pensé pourtant qu'il y avait lieu de l'associer plus particulièrement à une œuvre maritime qui vous est propre et personnelle ; vous y trouverez une preuve nouvelle des sentiments de celui qui s'honore de réclamer de vous le titre d'ami.

« *Signé :* Gougeard »

L'amiral Pothuau fut d'autant plus sensible à une décision prise en des termes aussi flatteurs que cette décision perpétue son souvenir dans la marine.

Il remercia M. Gougeard, et en lui rappelant leur participation au glorieux siège de Sébastopol, où celui-ci avait été blessé deux fois très bravement sous ses yeux, il lui fit remarquer que là, comme partout, leur chère marine n'avait jamais cessé de faire noblement son devoir.

L'honneur qu'on lui fit rendait pleine justice à sa valeur administrative.

Le décret du 24 novembre 1881 a eu pour

but et pour résultat de consacrer, d'éterniser le souvenir d'un des effets les plus utiles de cette remarquable et prévoyante administration à laquelle la marine française doit tant.

En 1882, le 10 janvier, un nouveau décret concernant l'amiral parut au *Journal officiel*. Il était ainsi conçu :

« Le Président de la République, sur la proposition du ministre de la marine, et vu la déclaration du conseil de l'ordre de la Légion d'honneur, du 9 du même mois, portant que la nomination du présent décret est faite en conformité des lois, décrets et règlements en vigueur, a conféré la médaille militaire à M. Pothuau (Louis-Pierre-Alexis), vice-amiral et ancien ministre, qui a exercé pendant la guerre de 1870-1871, le commandement supérieur des forts du sud de Paris. — 51 ans de services. »

L'amiral n'avait jamais songé à solliciter cette haute distinction, marque du commandement en chef. Elle lui était cependant due à plus d'un titre. Mais si les services ont été grands, ils ont été récompensés comme il convenait, et, fait digne de remarque, par les différents ministères républicains qui se sont succédé en France depuis 1871.

M. Thiers avait su distinguer et choisir l amiral Pothuau, qui se consacra à la grande œuvre entreprise du relèvement de la patrie et ne cessa d'aider l'illustre homme d'État à la fondation et à l'affermissement de la République.

Le maréchal de Mac-Mahon comprit à son tour qu'il ne pouvait se passer des services d'un marin expérimenté, administrateur habile et consommé, que lui présentait d'ailleurs M. Dufaure, pour être le ministre de la marine du nouveau cabinet. Il fit partie de cette administration, ainsi qu'on l'a vu plus haut, jusqu'à la retraite du maréchal, et quitta le pouvoir en même temps que M. Dufaure, malgré les instances du président Grévy pour qu'il conservât son portefeuille.

Enfin le ministère de M. Gambetta, par la promulgation des deux décrets que nous venons de citer, a su également rendre hommage à la valeur et à l'honnêteté de ce bon serviteur de la nation.

La presse parisienne, de son côté, par un de ses principaux organes, s'est exprimée de la manière suivante sur la nouvelle distinction dont l'amiral venait d'être l'objet :

« Ne cherchez pas aujourd'hui dans ces courtes lignes un exposé de la situation, une critique ou un éloge des hommes et des choses; un décret publié, il y a deux jours, au *Journal officiel*, m'avait échappé : grâce à un *erratum* inséré hier, j'en ai eu connaissance et mon esprit a été tout de suite emporté vers des souvenirs impérissables. Ce décret confère à l'amiral Pothuau la médaille militaire.

« Tout le siège de Paris, avec ses tristesses et ses défaillances, ses héroïsmes et ses gloires, a passé devant mes yeux. L'amiral Pothuau fut un des plus vaillants parmi les vaillants. Pendant un mois de lourdes épreuves il n'a jamais désespéré. Il était toujours le premier au danger et, dans les conseils, sa parole ferme était respectueusement écoutée. Il avait une formule immuable : Il faut faire tout notre devoir. Et pour qui le connaît, ce « tout » va jusqu'à de rares limites. J'ai soulevé des critiques en ne joignant pas ma voix aux contempteurs de parti pris du cabinet ; cette fois, j'espère que nul ne s'élèvera contre l'éloge que je formule et le remerciement que j'exprime ici.

« M. Gougeard, ministre de la marine, a fait un acte bon et qui mérite éloge en soumettant ce décret à la signature du président de la République. L'amiral Pothuau a personnellement franchi ou conquis tous les grades de l'Ordre. Il est grand-croix. Il porte en sautoir le grand cordon rouge. La médaille militaire, qui lui est donnée à l'heure où il souffre de terribles douleurs, où sa vie est peut-être menacée, décore non seulement le chef, mais cette héroïque cohorte de marins qui nous a donné pendant le siège un si énergique concours. Nous traversons en ce moment les jours anniversaires du dernier et douloureux mois de cette période douloureuse; on a bien fait de choisir ce moment pour donner à l'amiral Pothuau ce nouveau témoignage de la reconnaissance de Paris, et honorer dans sa personne les marins du siège.

« Dans quelques jours, les combattants du 19 janvier, iront sur les lieux mêmes où le sang a coulé, où Paris a tenté un dernier effort, rendre hommage à ceux qui sont tombés; combien, hélas! et des plus dignes : Regnault. Le Millier, Sevestre, Corialis et tant d'autres ! Pothuau ne sera pas là; peut-être aucun des marins du siège; les uns sont morts, d'autres dans leurs foyers, d'autres au bout du monde; il est bon qu'à cette heure même leur souvenir soit réveillé, et soyez certain que l'honneur rendu à l'un des chefs les plus respectés de la marine aura un immense et salutaire retentissement partout où nos vaisseaux portent le drapeau national.

« Modeste combattant dans cette triste journée du 19 janvier, j'ai voulu me joindre à l'hommage rendu si opportunément à l'amiral Pothuau. Cela repose de la politique tatillonne du jour de parler des campagnes faites en commun, des souffrances vaillamment supportées, et de s'incliner respectueusement devant les meilleurs d'entre nous, vivants ou morts ». Jamais les témoignages d'affection n'ont manqué à l'amiral Pothuau.

A la date du 1ᵉʳ janvier 1882, il recevait de M. Camescasse, préfet de police, député de Brest, la lettre suivante :

« Mon cher Amiral,

« J'ai à remplir près de vous une mission particulièrement agréable. Un groupe d'ouvriers du port de Brest m'a chargé de vous remettre, en souvenir de la mesure prise par vous de l'augmentation des salaires, une médaille d'or, produit d'une collecte faite entre eux.

« Quand la médaille sera frappée j'irai vous la remettre avec l'adresse rédigée par ces hommes de cœur. Mais je tiens de vous aviser dès à présent des instructions qu'il m'ont manifestées et qui honorent à la fois et ceux qui ont eu l'inspiration et celui qui a mérité cet hommage de reconnaissance.

« Ernest Camescasse. »

Quelques mots sur l'homme privé complèteront ce portrait.

L'amiral Pothuau jamais n'a cessé de se montrer homme du monde. Sa politesse, la simplicité de ses manières, sa bonne grâce le font aimer de tous ceux qui l'approchent.

Il a l'esprit élevé, la répartie vive et fine, le jugement délicat. Nourri de lectures saines et épris des arts, n'ayant jamais fréquenté que la bonne société, il a acquis le don de plaire et de charmer. Rien ne vaut pour un homme la grâce unie au courage.

En même temps, il est l'ami le plus sûr et le plus dévoué, le père le plus tendre et le plus éclairé. Jamais de défaillance dans cette belle existence; rien à reprocher à cet homme que nous avons cherché à dépeindre tel qu'il nous est apparu, et tel qu'il mérite d'être apprécié.

Puisse son exemple être imité par beaucoup! Pour nous, nous avons rempli notre tâche qui était de faire connaître simplement l'histoire d'un honnête homme parvenu, grâce à son mérite, aux plus hautes fonctions de l'État.

TABLE DES MATIÈRES

Dédicace a M. le vice-amiral d'Herbinghem. I
Préface. III

CHAPITRE PREMIER

Famille de l'amiral Pothuau. — Ses alliances. — Tableau de la vie aux colonies. — La famille Pothuau quitte la Martinique (1810). — Naissance de Louis Pierre Alexis Pothuau (Paris, 30 octobre 1815). — Retour à la Martinique. — Enfance et éducation. — Une vocation irrésistible. — Admission à l'École navale (1831). — Première croisière à bord des frégates la *Médée* et la *Junon*, dans la mer du Nord et dans la Manche (1832). — Siège d'Anvers. — Un aspirant énergique. — L'*Héroïne* et le capitaine Baudin. — Passage sur l'*Endymion*. — La campagne de l'*Atalante*. — Première promotion (1834). 1

CHAPITRE II

Campagne de la *Bonite*. — Embarquement sur la *Sabine* (1827). — Une école de canonnage. — Départ pour la Méditerranée. — Effroyable tempête. — Dévouement de l'enseigne Pothuau. — Cam-

16

pagne du *Cygne*. — Guerre contre le Mexique. — Tremblement de terre à la Martinique. (1838). — La fièvre jaune. — Retour en France. — Éloges mérités. — M. Pothuau est choisi comme officier d'ordonnance par l'amiral Duperré. — Complément d'éducation. — Nomination au grade de lieutenant (26 octobre 1840). — Réembarquement sur le *Grenadier*; sur l'*Océan* (1843). — Le lieutenant Pothuau est fait chevalier de la Légion d'honneur (25 avril 1844). 20

CHAPITRE III

Expédition au Maroc (1844). — Bombardement de Mogador. — Conduite du *Triton*. — Le lieutenant de la batterie haute. — Combat de l'îlot Mogador. — Un volontaire d'infanterie de marine aux journées de juin 1848. — Incendie à l'arsenal de Cherbourg. — Dévouement des officiers de marine. — Le côtre le *Mutin*. — Navigation difficile. Pêche de la morue et pêche du hareng. — Surveillance des côtes d'Europe et des côtes d'Angleterre. — Pris par les glaces. — Retour du *Mutin*. — Promotion au grade de capitaine de frégate (5 décembre 1850). 38

CHAPITRE IV

Participation active aux travaux de la commission chargée de réglementer les détails du service à bord. — Embarquement sur le vaisseau la *Ville de Paris*, dans l'escadre de la Méditerranée. — Le capitaine de frégate Pothuau est nommé officier de la Légion d'honneur. — Commandement du *Caton*. — La guerre de Crimée (1854).— Deséchouage du *Friedland*. — Bombardement d'Odessa. — Siège de Sébastopol. — Une bombe russe dans un magasin d'obus. — Trait de courage et de sang-froid. — Fin du siège. — Le commandant Pothuau pénètre le premier dans Sébastopol abandonné. — Quel spectacle s'offre à sa vue. — Nomination au grade de capitaine de vaisseau (1855). 55

CHAPITRE V

Retour en France. — Le capitaine de pavillon de la *Bretagne*. — Travaux de l'escadre de la Méditerranée. — Entrevue de souverains à Cherbourg (1858). — Le capitaine de vaisseau Pothuau est nommé commandeur de la Légion d'honneur (6 août). — Rôle de la marine pendant la guerre d'Italie. — Notre escadre devant le Maroc. — Mariage de M. Pothuau (octobre 1861). — Commandement d'une division navale de surveillance. —Croisière sur les côtes d'Italie. — Reprise du commandement dans la Méditerranée. — Travaux de cette expédition. — Nomination au grade de contre-amiral (2 décembre 1864). — Major général au port de Cherbourg. . . . 77

CHAPITRE VI

La guerre de Prusse. — Organisation de batteries flottantes. — Le siège de Paris (1870). — Le rôle de la marine. — Commandement des trois forts de Bicêtre, de Montrouge et d'Ivry. — Épisodes de la lutte. — Combats de Chevilly et de l'Hay. — L'amiral est nommé commandant d'une division de la troisième armée en même temps qu'il conserve le commandement de ses trois forts. — Le moulin Saquet. — Prise de la gare aux bœufs. — Enlèvement du moulin de pierre. — Belle conduite des matelots, des mobiles et de la garde nationale. — Le contre-amiral Pothuau est nommé grand officier de la Légion d'honneur le 8 décembre 1870 et arrive au grade de vice-amiral, le 24 janvier 1871. — Comment on réprime une mutinerie. — Un portrait de l'amiral pendant le siège. — Reddition de Paris. 91

CHAPITRE VII

L'amiral Pothuau député de Paris. – Il est nommé ministre de la marine par M. Thiers (février 1871). — La Commune. — Évacuation de Paris par le gouvernement régulier. — Second siège de Paris. — Rôle de la marine dans la répression de l'insurrection. — Le bombardement. — Les canonnières sur la Seine. — Épisodes de la lutte. — Rapport du commandant. Trève au ministre de la marine à propos de l'intervention de

M. Ducastel. — L'amiral Pothuau reprend possession de son ministère. — Une escorte formidable. — Le pavillon tricolore au pavillon du ministère de la marine (23 mai 1871). — Fin de la Commune. — Adieux du vice-amiral Pothuau aux troupes de l'armée de mer. — Souvenir d'une mise en accusation. — Par qui fut protégé le lieutenant Okolowitz 128

CHAPITRE VIII

Premiers actes du ministre de la marine. — La réduction du budget. — Les économies nécessaires. — Les transports en Nouvelle-Calédonie et à la Guyane. — Travaux des officiers de la marine. — Nos colonies. — Mesures et réformes les concernant. — Nouvelle composition de la flotte. — L'amiral Pothuau jugé par les Anglais. — Un article du *Daily-News* 160

CHAPITRE IX

Chute de M. Thiers. — Retraite de son ministère. — Élection du maréchal de Mac-Mahon. — Tentatives réactionnaires. — Nomination des sénateurs inamovibles. — Dissolution de l'Assemblée de Versailles. — Rôle de l'amiral au Sénat. — Sa lutte contre le ministère de Broglie. — Les élections de 1877. — Mort de M. Thiers. — Ses funérailles. — Discours prononcé par l'amiral

Pothuau sur la tombe de l'ex-président de la République 190

CHAPITRE X

Second ministère de l'amiral Pothuau (13 décembre 1877-février 1879). — Instructions aux chefs d'escadres. — Amélioration du sort des employés et ouvriers des ports et des arsenaux. — Nomination de commissions chargées d'étudier les questions concernant la marine et les colonies. — Les rapports de M. Lamy. — Réformes faites. — L'exposition universelle. — Les élections sénatoriales de 1879. — Retraite du maréchal de Mac-Mahon et du ministère Dufaure. — L'amiral Pothuau est nommé ambassadeur de France à Londres. — Mort de madame Pothuau. — L'amiral est nommé grand-croix de la Légion d'honneur. — Son retour de Londres. — Son maintien dans le cadre d'activité. La médaille militaire lui est conférée. — Médaille offerte par les ouvriers de Brest. — Conclusion. 206

FIN DE LA TABLE DES MATIÈRES

PARIS. — IMP. P. MOUILLOT. 13-15, QUAI VOLTAIRE. — 26414.

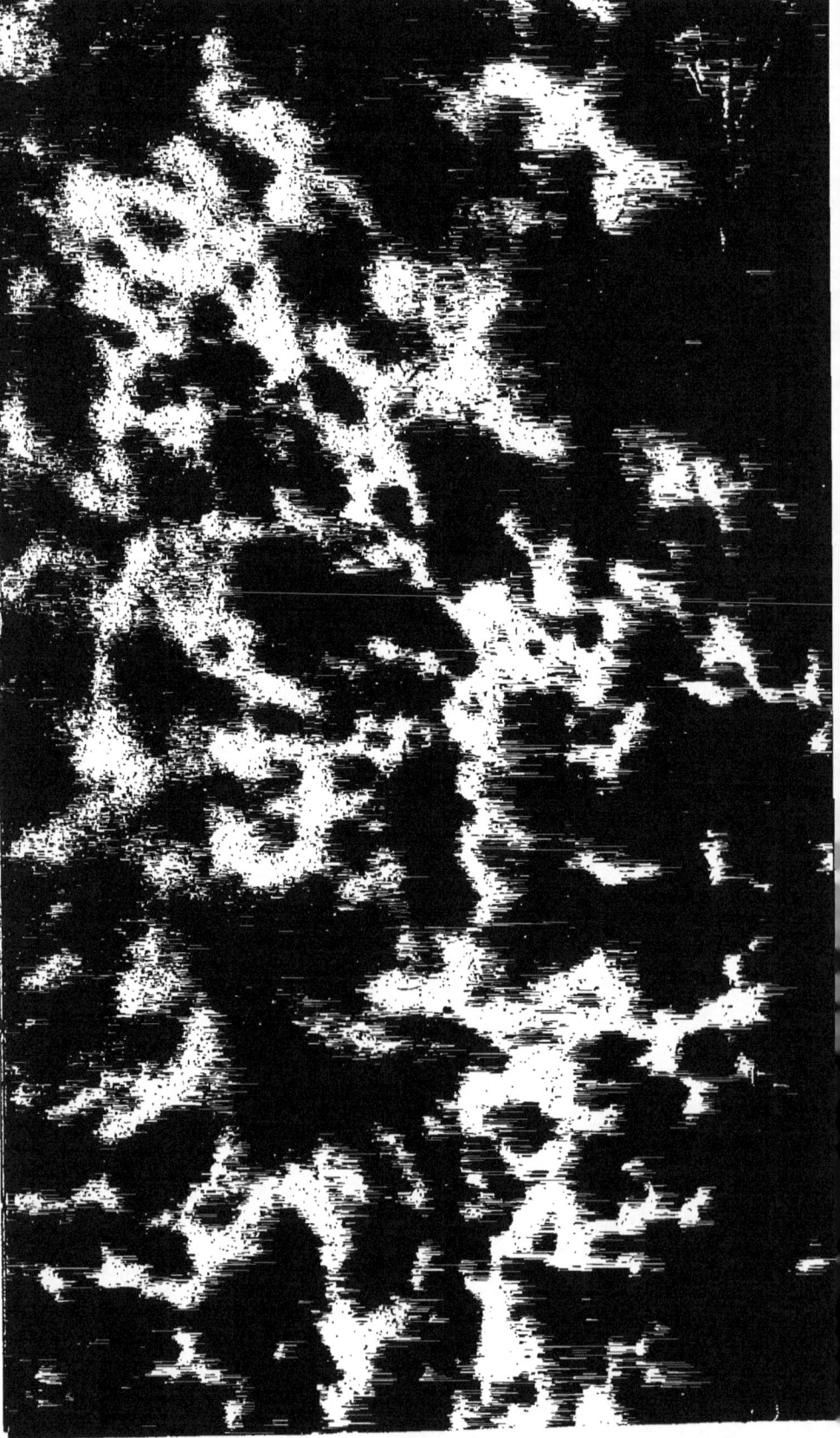

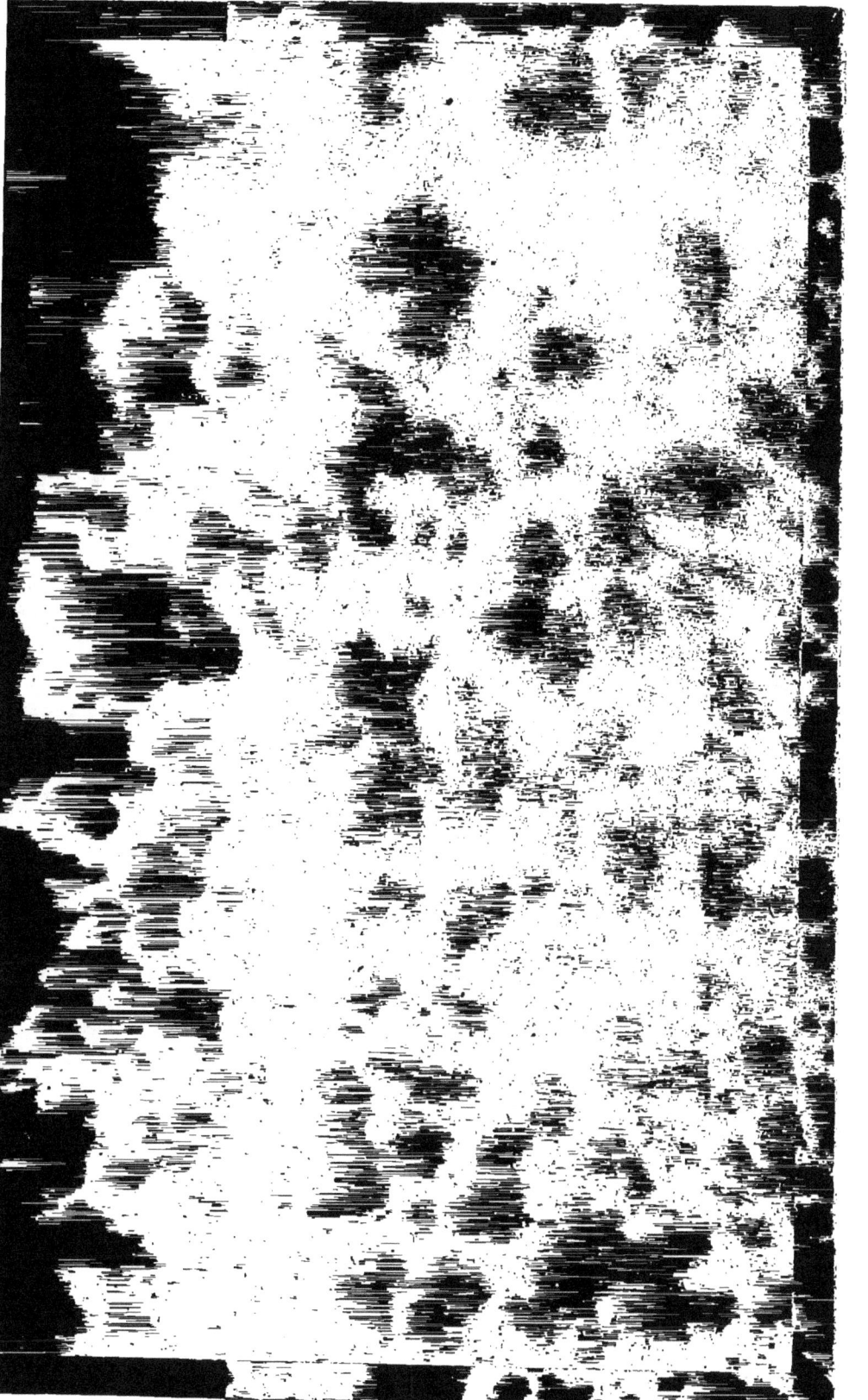

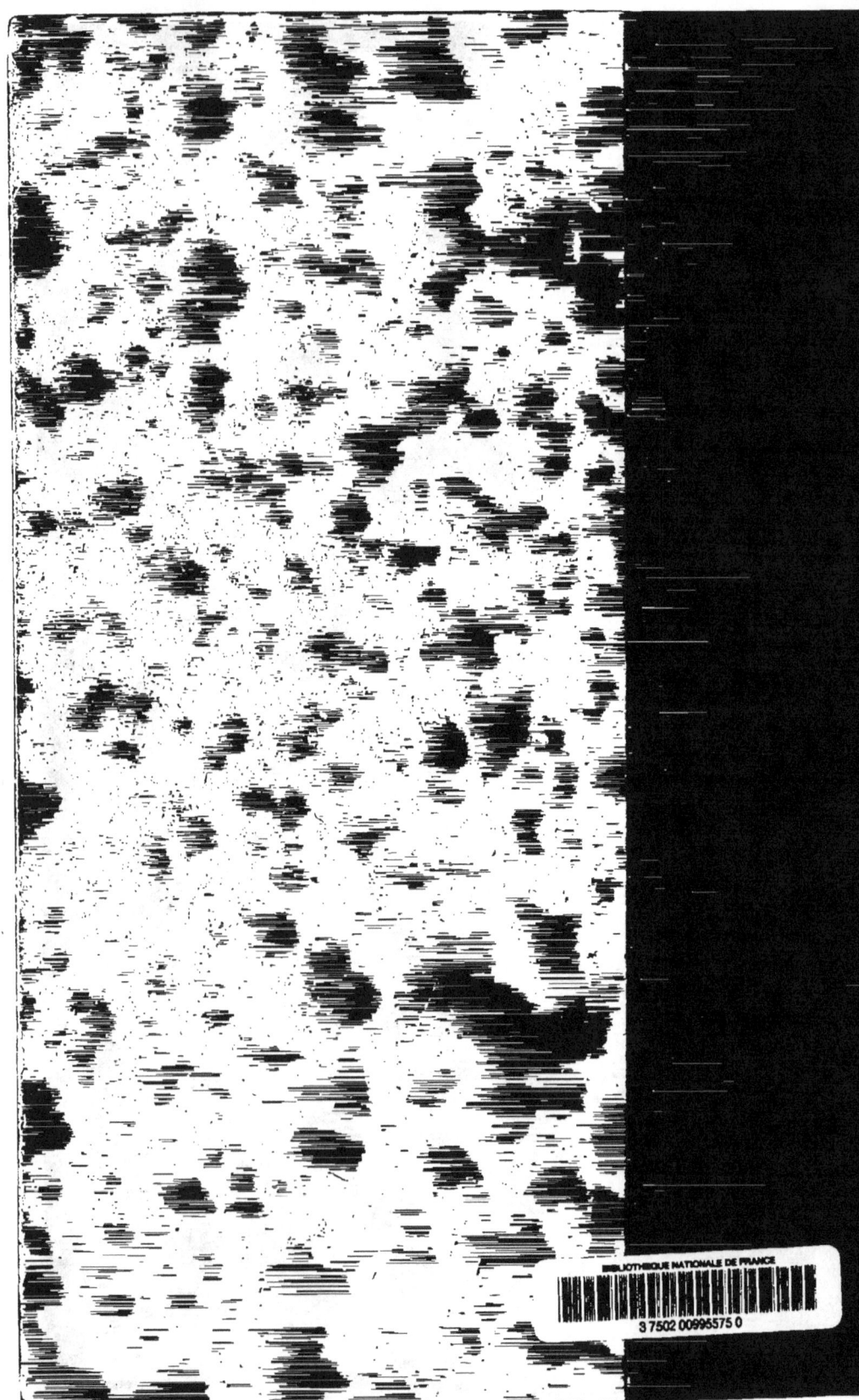

www.ingramcontent.com/pod-product-compliance
Lightning Source LLC
Chambersburg PA
CBHW050651170426
43200CB00008B/1243